0,50€

le Vanneau
28 Avril 2000
Gilbert Trolliet

10|18

12, avenue d'Italie — Paris XIIIe

Du même auteur
dans la collection 10/18

L'INSPECTEUR STUDER, n° 2984

LES PREMIÈRES AFFAIRES DE L'INSPECTEUR STUDER

PAR

FRIEDRICH GLAUSER

Traduit de l'allemand
par Catherine CLERMONT

Postface de Frank Göhre

10|18

« Grands Détectives »
dirigé par Jean-Claude Zylberstein

GALLIMARD

Si vous désirez être régulièrement tenu au courant
de nos publications, écrivez-nous :

Éditions 10/18
c/o 01 consultants (titre n° 3024)
35, rue du Sergent Bauchat
75012 Paris

Titre original :
Wachtmeister Studers erste Fälle

ISBN 2-264-02742-8

Le vieil ensorceleur

De la gare à l'embranchement qui débouchait sur un chemin étroit conduisant à Walkringen, la route était encore bitumée donc praticable, et le commissaire de police Studer ne maudissait pas trop le ciel, bien qu'il tombât des cordes et qu'un vent d'automne particulièrement désagréable soufflât. Outre le temps, le *rösti* que sa femme lui avait servi le matin avait du mal à passer. Mais le commissaire[1] Studer tenait à son rösti, son père qui était paysan dans l'Emmental en mangeait le matin, son grand-père aussi ; pourquoi devait-il faire exception ? Mais il vieillissait, c'était un fait, la digestion ne fonctionnait plus comme avant, le rösti lui donnait des aigreurs d'estomac. Studer mit cela sur le compte de la mauvaise graisse que sa femme avait utilisée, probablement par souci d'économie. Chaussé de semelles épaisses, il marchait d'un pas lourd tout en évitant les flaques. Il referma son ciré. Il ne pouvait même pas fumer par ce temps.

1. Figure centrale des histoires policières de Friedrich Glauser, l'« inspecteur Studer » a d'abord été commissaire de police à Berne : il sera rétrogradé à la suite d'une affaire politique où il a vu trop juste.

Il arriva à un embranchement assez large pour qu'une voiture à purin puisse passer, à droite la route descendait à pic vers le lit d'un ruisseau, à gauche elle montait vers une forêt tout humide. Le commissaire Studer pensait aux choses auxquelles on pense quand il pleut à verse et qu'on a froid. A une soirée jass[1], à son bureau, à son fils qui aurait bientôt fini son apprentissage de typographe. Studer avait un gros visage rouge un peu bleui et une moustache brune qui vous mettait en confiance. Il avait l'art de cracher bien droit entre ses dents jaunies par le tabac comme un enfant de huit ans et la pluie aussi bien que le vent étaient impuissants contre cet art : Studer en était fier. Mais ce qui l'énervait, c'est que la pluie lui tombe dans les manches et qu'il ne sache pas quelle mine prendre. Par un temps pareil, il était difficile d'imposer sa volonté, de savoir quelle tête faire, la pluie lui envoyait des gifles mouillées dans les yeux et le bord du chapeau était un rempart insuffisant contre des attaques aussi malveillantes.

La route montait, Studer poussa quelques jurons, secoua la tête et des gouttes tombèrent verticalement de son chapeau. Ce n'était après tout pas la faute du directeur de la police nationale s'il devait errer sous la pluie. D'habitude, on attachait en haut lieu peu d'importance aux lettres anonymes, mais cette fois-ci l'affaire se présentait différemment. Il s'agissait d'une histoire un peu sombre. Il ne voyait pas très bien comment aborder l'affaire. Ou bien le tout était destiné à ridiculiser les autorités et il fallait être doublement prudent, ou alors il s'agissait d'une grosse affaire qui déboucherait peut-être sur un procès à sensation ; tous les reporters des journaux étrangers se rendraient sur place et lui, Studer,

1. Jeu de cartes suisse qui ressemble à la belote. *(N.d.T.)*

pourrait acquérir une renommée internationale. Cela n'était pas négligeable. Il n'en avait certes pas besoin. Il était déjà connu dans les milieux spécialisés, à Vienne surtout, à Paris aussi ; il avait déjà pris au piège un ou deux internationaux plutôt difficiles (mi-espions, mi-escrocs). Ça devait suffire, d'autant que la retraite approchait, encore cinq ans, il tiendrait bien encore cinq ans. Mais il ne lui déplairait pas de lire son nom dans le *Journal* par exemple, avec des qualificatifs flatteurs. Quelque chose comme : « Le distingué inspecteur de la Sûreté Studer, dont le talent remarquable est bien connu dans les milieux policiers[1]... » Peut-être même publieraient-ils sa photo. Assurément, les Français étaient généreux, la presse suisse plus avare de louanges.

Tout à coup, il aperçut une grange sur sa droite. Il se dit qu'il pourrait s'y mettre un peu à l'abri. Il palpa sa poche de poitrine. Une bonne chose que sa femme lui ait préparé du cognac, il serait juste à la chaleur de son corps et avec ce déluge, il lui faudrait prendre des forces. Studer alla jusqu'à la grange, le foin était sec, il en prit une poignée pour essuyer ses chaussures mouillées, sécha ses mains dans un mouchoir propre et sortit de sa poche la lettre qui avait mis le directeur de la police dans tous ses états. Elle ne disait pas grand-chose :

« Le fermier Berthold Leuenberger de Walkringen enterre sa quatrième femme. Il a soixante ans, ses trois dernières femmes sont mortes en l'espace de trois ans. Elles étaient toutes jeunes. Il prétend que l'eau de la ferme est mauvaise. Beaucoup de gens ont une autre opinion. Quand la justice va-t-elle enfin intervenir ? Si

1. Citation en français dans le texte. *(N.d.T.)*

l'eau de la ferme est mauvaise, pourquoi n'est-il jamais tombé malade ? Ni lui, ni son bétail, ni son valet de ferme, ni ses domestiques ? Tel le loup, il est déjà à la recherche d'une nouvelle brebis à dévorer. Mais, si la justice des hommes l'oublie, la justice de Dieu veille. »

L'écriture était contrefaite et le papier à petits carreaux était ordinaire. La fin de la lettre donnait à penser qu'elle avait été écrite par un piétiste. Trois femmes en trois ans, c'était bizarre. Mais les actes de décès devaient être en règle. Studer et le directeur de la police avaient regardé dans l'annuaire et trouvé le nom d'un médecin connu pour être consciencieux. Il travaillait autrefois à l'hôpital, la police avait eu souvent affaire à lui lors d'accidents, sa bonne foi n'était pas à mettre en doute. Mais on sait comment il en va du médecin de campagne, il n'a pas beaucoup de temps, il doit faire ses visites à des kilomètres à la ronde... et l'erreur est humaine.

Studer avançait à grands pas, le temps s'éclaircissait un peu, la pluie cessa et fit place à un épais brouillard blanc qui descendait sur la campagne. Il était si dense que Studer ne vit tout d'abord pas les maisons qui constituaient le hameau de Walkringen. Un garçon chaussé de sabots et habillé d'un pantalon qui lui descendait à mi-mollets le dépassa. « Où est l'auberge ? » lui demanda Studer. Le garçon lui fit tout d'abord des yeux ronds, puis lui indiqua de sa main sale qu'il devait aller tout droit, puis tourner à gauche et pour finir, leva cinq doigts. « Es-tu muet ? » lui demanda le commissaire. Le garçon acquiesça. C'est donc la cinquième maison à gauche, se dit Studer, et il poursuivit son chemin. La salle de restaurant attenante à la petite boutique était petite, basse et sombre. Il devait être bientôt midi. Studer retira son manteau dégoulinant, réajusta son gilet sur son ventre, ôta sa veste dont les poignets étaient trempés et s'assit. Il sortit ensuite sa montre de sa poche (une montre plate en or qu'il avait eue pour ses vingt ans de service), elle indiquait dix heures. Il n'était pas tard. Il avait le temps. La salle resta longtemps vide. Personne ne se montra, il y régnait une odeur écœurante (encore plus difficile à supporter quand on a l'estomac vide) de bière et de tabac froid. Enfin une fille apparut en bâillant ; elle faisait traîner sans le vouloir les talons de ses pantoufles sur le sol. Studer commanda un pichet de rouge et une portion de jambon. La viande était bonne, il mit une grosse couche de moutarde, le vin n'était pas mauvais non plus. La salle était bien chauffée. Les doubles vitrages empêchaient l'air mouillé du dehors de passer. Studer se sentit mieux, son regard s'éclaircit et il réfléchit à la meilleure façon d'aborder la fille. Cette serveuse devait avoir déjà travaillé en ville, elle avait une permanente et une robe de soie un peu usée. Studer n'aurait pas osé inviter une jeune fille du village à prendre une « consommation », comme ils disent à Genève, ç'aurait été une faute psychologique ; ici, on pouvait s'y risquer. La fille repassait des tabliers amidonnés près du grand four de pierre qui était chauffé depuis la cuisine. Studer tapa sur la table. Il se glissa dans la peau du voyageur de commerce honnête qui s'autorise volontiers une petite distraction, même si elle lui coûtait ici quelque peu. Quand la fille s'approcha, la mine renfrognée, il lui demanda d'une voix suave si elle ne voulait pas prendre quelque chose, il faisait si froid dehors. La fille aimait le vermouth, elle prit la bouteille poussiéreuse sur l'étagère et dit : « Excusez » et « Si c'est permis », et le commissaire vit à quel point elle était maigre. La conversation s'engagea sur un ton bon enfant. Studer prit son temps (il faut toujours prendre son temps) et raconta son histoire : il vendait des engrais, le mâchefer Thomas était à un prix particulièrement intéressant en ce moment, un engrais au phosphore exceptionnel, mais il voulait d'abord se renseigner sur les gens de la région. Etant donné que le chemin n'était pas trop mauvais, il avait laissé sa voiture à la gare. Et il bavardait, et il bavardait, et la fille s'ennuyait et bâillait. C'était bon signe si elle bâillait si sincèrement, cela voulait dire qu'elle croyait à son histoire. Et il en vint petit à petit à parler des fermiers de la région et à demander qui avait la plus grande ferme, qui était le meilleur acheteur, mais il ne s'intéressait qu'à ceux qui avaient de l'argent à la maison. On lui avait surtout vanté les mérites de Berthold Leuenberger, propriétaire d'une très grande ferme, mais les grandes fermes sont souvent endettées, il se demandait s'il pouvait frapper là-bas. Il lui dit qu'elle portait une très belle robe, on voyait tout de suite qu'elle n'était pas d'ici, elle avait de bonnes manières, ça se voyait rien qu'à la façon dont elle tenait le verre. Il lui dit tout cela d'une voix douce et monocorde, surtout les compliments, car il avait remarqué qu'une légère frayeur avait parcouru le corps maigre quand il avait prononcé le nom de Leuenberger. Il coupa son jambon. Oui, donc ce Leuenberger, il se demandait s'il était convenable de commencer ses visites par lui. Venait-il souvent à l'auberge ? Un tremblement étrange envahit les yeux pâles de la fille. Leuenberger avait fait le repas d'enterrement chez eux la veille.

« Le repas d'enterrement ? demanda le commissaire. Qui donc est mort ?

— Sa femme. »

Ce n'était peut-être pas le moment de lui rendre

visite. La fille partit d'un rire strident, vida son verre, demanda d'un ton familier s'il lui était permis d'en boire un autre, le commissaire hocha la tête, il se réjouissait que la fille soit à demi soûle.

Il continua à creuser. Donc, Leuenberger avait fait le repas d'enterrement ici, quel âge avait-il donc ? Voulait-il se remarier ? La fille se faisait prier. Oh, il s'en trouverait bien une pour ne pas tout croire, une courageuse ? La fille déclara que Leuenberger passait, déjà du vivant de sa femme, beaucoup de ses soirées dans le restaurant et qu'une femme pouvait être encore heureuse chez lui. Quel genre d'homme est-ce ? se demanda le commissaire, ce fermier n'a pas assez des quatre femmes qu'il a enterrées ; alors que la dernière est encore en vie, il s'occupe déjà de la suivante. Il faillit lui demander si elle ne craignait pas qu'une malédiction ne pèse sur les femmes de Leuenberger, mais il ravala sa remarque, examina attentivement la robe de son cigare (il détestait rallumer son cigare du mauvais côté) et se tut. Car maintenant, le silence était de mise. Le flot de paroles se déversa tout seul comme d'un tonneau percé, le vermouth avait fait son effet. Il ne fallait surtout pas l'interrompre. Il se souvenait vaguement qu'un vieux juge d'instruction lui avait donné ce conseil au début de sa carrière : fais-toi tout petit quand l'autre est lancé. Mais il n'avait plus besoin du conseil, il savait que, dans des interrogatoires de témoins qui devaient aboutir à des aveux, le silence était un moyen de pression bien plus efficace que la torture médiévale.

Le commissaire en apprit suffisamment pour pouvoir se faire une image assez précise de ce Leuenberger. La fille l'avait bien renseigné, un homme grand et maigre avec des cheveux encore bien foncés malgré son âge. Rasé de près. Avec sa première femme, il avait vécu trente ans. Le couple n'avait pas eu d'enfants. Puis la femme était morte d'une pneumonie il y avait dix ans. Elle était pieuse, mais on ne voyait jamais le fermier à l'église, même pas à l'heure de la prière. Après la mort de sa femme, il était resté seul et avait administré sa ferme avec une bonne et trois valets. Il avait la mauvaise réputation d'être lié au diable. La fille rit en montrant ses plombages (produit bon marché du dispensaire, se dit Studer), elle n'y croyait pas, mais le fait est que Leuenberger était très connu, les gens venaient de loin pour lui demander conseil quand il y avait la maladie dans l'étable, ou quand le médecin ne pouvait plus rien pour un malade. La fille lui dit qu'il était cependant en bons termes avec le médecin, il avait toujours appelé le Dr Pfister quand ses femmes étaient malades. Celui-ci était monté une ou deux fois pour chacune d'elles, mais il n'avait rien pu trouver. Entérite pour toutes les trois, il avait même cru au typhus pour la deuxième femme, mais il n'avait pas pu le vérifier, car la femme était morte peu après. Leuenberger était haï surtout chez les bigots, c'est d'eux que venait la légende concernant son pacte avec le diable ; comme si ça existait, le diable ! La fille repartit de son rire strident, elle disait ne pas avoir de préjugés ; avant d'arriver dans ce bled, elle avait une bonne place en ville et elle devait maintenant vivre au diable, chez ces « rustres ». Leuenberger était bien le meilleur, toujours aimable, il disait toujours : « Mademoiselle Rosa », et une fois, il lui avait même demandé si elle ne voulait pas être sa femme quand il serait veuf à nouveau. Pourquoi pas ? Elle ne croyait pas tout ce que les autres racontaient et elle n'avait pas peur. Si elle était sa femme, elle n'aurait plus de soucis, elle serait bien et Leuenberger lui avait promis qu'elle pourrait aller à

Berne quand elle voudrait, elle avait déjà pensé s'acheter une voiture. Si elle pouvait continuer à voir ses anciennes amies et pavoiser, alors elle voulait bien le prendre avec son diable et même avec sa grand-mère. Elle dit ensuite à Studer qu'elle devait aider à la cuisine, elle s'étonnait que la patronne ne soit pas encore venue la chercher pour préparer le repas du midi, elle lui demanda s'il voulait déjeuner ici. Oui, dit Studer, il reviendrait vers douze heures trente pour déjeuner, mais il voulait d'abord aller voir les gens pour ses engrais.

Son manteau était sec, dehors un soleil phtisique s'efforçait d'engloutir le brouillard laiteux, mais il n'y parvenait pas tant celui-ci était épais. Finalement, le soleil abandonna, quelque peu rougi d'avoir fourni tant d'efforts. Le commissaire Studer marchait entre les quelques rares maisons qui se trouvaient de part et d'autre de la rue, il entra ici et là, affichant une mine honnête et vantant les mérites de ses engrais. Parfois, quand la femme était seule à la maison et que l'homme était parti couper du bois dans la forêt, elle le priait de venir à la cuisine et il lui était facile de l'amener à parler du sujet qui l'intéressait. Mais de toutes les conversations qu'il eut ce matin-là ne se dégageaient que deux sentiments impondérables : la crainte que toutes les femmes avaient de Leuenberger et la conviction que Leuenberger avait tué trois femmes. Cela expliquait la lettre anonyme, mais il était impossible d'arrêter un homme sur la base de rumeurs et de convictions. Commérages de bonnes femmes, se dit-il, et il vit son beau procès à sensation fondre comme le brouillard qui se dissipait justement devant lui pour laisser apparaître deux arbustes délicats, rouges et brillants. Ils scintillaient sous le soleil comme du minerai fondu et, par une étrange association d'idées, Studer pensa à l'enfer comme il se le représentait quand il était petit garçon.

Les femmes lui avaient parlé du diable toute la matinée. Tout gamin déjà, Leuenberger avait été un garçon étrange qui voyait plus de choses que les autres gens. Une vieille grand-mère s'était rappelé que Berthel avait à peine onze ans quand il était rentré tout essoufflé le jour des mille cavaliers, il s'était écroulé sur le seuil de la porte et avait eu de la fièvre pendant la nuit. Dans son délire, il parlait toujours d'un homme noir qui chevauchait un cheval noir et franchissait la colline où était dressée la potence. Le cavalier, l'homme sur son cheval, n'avait pas de tête, mais il saluait le garçon de la main. Depuis ce jour, Leuenberger avait changé. Il lisait toujours beaucoup, des gros livres qui appartenaient à son père, son père était intelligent lui aussi, il savait parler du bétail et le grand-père Leuenberger aussi. Ils étaient arrivés ici il y a des générations, mais les Leuenberger, personne ne savait d'où ils venaient. Peut-être étaient-ils des anabaptistes, avait dit la vieille grand-mère.

Pas de procès-verbal d'autopsie, pas de dénonciation véritable, Studer se traita d'idiot. Il aurait pu, au moins, avant de venir ici, s'adresser au médecin qui s'était occupé des femmes et lui demander si tout lui avait paru normal. Le commissaire se sentait mal à l'aise, il frissonnait (s'était-il enrhumé ce matin par ce temps de chien ?), il se sentait tiraillé entre des sentiments contraires ; devait-il tout simplement retourner à l'auberge, y déjeuner et ensuite rentrer à Berne sans tambour ni trompette ? Mais quelque chose le retenait. On n'aime pas se rendre ridicule quand on a autant d'années de service derrière soi. Et allait-il tout simplement déguerpir devant ce Leuenberger ? Sans qu'il ait pu dire pourquoi, il avait la vague conviction que ces frissons étaient causés par la peur. Un rhume ! Il lui était souvent arrivé de rester des heures dans la rue à attendre quelqu'un par des temps moins cléments. Peur de Leuenberger ! Il continua à avancer, furieux contre lui-même, sans regarder où il mettait les pieds, si bien que sa semelle atterrit dans une flaque et que l'eau l'éclaboussa. Il voulait voir Leuenberger. Des visions du diable ! C'était le Moyen Age et c'était maintenant du domaine des psychiatres et des expertises psychiatriques. Il voulait faire la connaissance de ce Leuenberger !

Il était arrivé à la ferme. Il constata qu'il devait avoir rêvé, car les arbustes rouges se trouvaient maintenant à côté de lui, il n'avait donc avancé que d'à peine dix pas. Il prit un élan, son pantalon mouillé collait à son genou. A sa droite, s'étendait un immense verger ; Studer constata qu'il s'agissait de vieux arbres fraîchement taillés. Ce verger fit resurgir en lui un souvenir sombre. Arbres fruitiers — parasites — destruction des parasites. De quoi avait-on besoin pour détruire les parasites ? D'arsenic ? Studer s'arrêta un instant devant la porte de la maison. Un procès concernant une affaire d'empoisonnement auquel il avait été témoin lui revint en mémoire. Quels étaient donc les symptômes d'un empoisonnement à l'arsenic ? La diarrhée ? Oui. Qu'avait donc dit l'expert ? Qu'il était parfois difficile de constater un empoisonnement à l'arsenic, car la ressemblance avec les autres maladies est grande. Seule l'analyse chimique des organes pouvait apporter des éléments de certitude. Fallait-il chercher dans cette direction ? Mais pourquoi ce Leuenberger (s'il était empoisonneur et ce n'était pas encore prouvé), pourquoi avait-il assassiné ses femmes ? Elle lui avait dit qu'il ne s'agissait que de filles pauvres. Il n'y avait donc aucun intérêt. Alors pourquoi ?

Le commissaire Studer ouvrit la porte, prit un air brave et entra dans la cuisine. Elle était vide. Dans la pièce à côté, quelqu'un toussait. Studer marcha à grand bruit sur les dalles et il entendit quelqu'un se lever. La porte de communication s'ouvrit, un homme grand et vieux apparut et regarda l'intrus.

« Que voulez-vous ? » demanda le vieil homme.

Studer était dans son rôle. Il parla onctueusement du mâchefer Thomas et des engrais, et lui demanda s'il était bien le fermier. Il avait du mal à regarder l'autre dans les yeux. Il était difficile, même très difficile de ne pas baisser les paupières et de soutenir son regard. Un vieux dicton lui vint à l'esprit. « Il sait plus que son bréviaire. » Pendant que Studer bavardait, une peur humide l'envahit par le dos, se nicha dans la nuque, envahit sa tête, la fit presque éclater, il dut baisser ses yeux qui pleuraient et se tut.

L'autre attendit, attendit même un bon moment. Puis sa voix perçante se fit entendre, une voix qui vous donnait un petit choc, pas désagréable, comme un léger courant électrique.

« Approchez, dit la voix. Vous êtes le bienvenu. Vous n'avez pas eu beau temps pour venir dans la montagne. »

Silence.

« Et pour venir me vanter vos engrais ! Ce n'était pas si pressé. Vous allez rester dîner avec moi, j'aime voir un invité de temps en temps, on entend parler du monde et vous êtes vraiment le bienvenu chez moi qui suis en deuil. »

Le commissaire avait soudain oublié ce qu'il était venu faire. Je vais me rendre ridicule, se dit-il en passant devant le corps filandreux de Leuenberger. Une pièce claire et chaude, le soleil vaporisait du jaune par les petites vitres de la fenêtre. Tout s'embrouilla dans la tête du commissaire. Je n'ai encore jamais rencontré d'homme comme lui, non vraiment, je n'en ai jamais rencontré comme lui, se répétait-il sans cesse. Il se sentait comme un vrai débutant, sans supériorité, tout petit, comme un gamin à l'école devant un professeur. Il fait ce qu'il veut de moi, se dit-il encore. Studer, Studer, se disait-il à lui-même, si tu étais allé à l'auberge, si tu y avais mangé et si tu étais rentré à la maison. Studer, que t'arrive-t-il ? Tu en as déjà anéanti d'autres et tu as peur d'un fermier ? Tu vieillis, Studer, prends ta retraite.

Le vieux Leuenberger était à l'aise, il semblait bien s'amuser de ce jeu sans paroles. Bien sûr, se dit Studer, il ne s'est pas trompé sur mon prétendu métier. Il m'a toujours pris pour celui que je suis. Et il est si sûr... Une certitude inébranlable. Le vieux Leuenberger se comportait parfaitement bien, il ne parlait pas trop. Il pria son invité de s'asseoir sur le banc près de la fenêtre, s'assit en face de lui et se tut. Longtemps.

Studer se lança. « Alors, vous êtes en deuil ? » demanda-t-il de la façon la plus inoffensive possible en levant les yeux un court instant. Insupportable, le regard de ce fermier. On aurait dit que ses yeux étaient faits d'une pierre mate, d'où sortaient, à l'endroit des pupilles, deux rayons violents, on ne pouvait pas appeler ça autrement, ils vous remplissaient les yeux d'eau. Studer baissa à nouveau les paupières.

« Oui, dit Leuenberger, ma femme a été enterrée hier. Elle est allée chez des parents, elle a dû manger quelque chose de mauvais et les gens me l'ont ramenée mourante. Le médecin l'a vue peu avant sa mort. Une fièvre intestinale. »

Puis Leuenberger se tut à nouveau. Il avait joint ses mains sur la table, des mains aux doigts longs, constata Studer, avec des ongles recourbés, des ongles jaunâtres et recourbés.

Dans la cuisine, quelqu'un s'affairait.

« Rosi », dit Leuenberger tout doucement, on aurait dit le miaulement d'un chat ; une jeune fille apparut.

« Va à l'auberge et dis-leur de ne pas attendre ce monsieur, il mange ici. »

La fille s'en alla en silence. Elle non plus ne levait pas les yeux.

« Donc, dit Leuenberger en fixant le dessus de la vieille table, vous voulez me vendre des engrais chimiques... n'est-ce pas ? »

Quand il avait les yeux baissés, le vieux fermier n'avait rien d'extraordinaire, c'était un vieux fermier comme les autres avec une coiffe de velours ronde sur la tête brodée de fleurs de soie multicolores. Le commissaire se demanda laquelle de ses femmes la lui avait brodée. Il voulut répondre, mais la sensation désagréable qu'il avait ressentie dans la nuque revint, cette sensation lui rappelait l'impression que l'on a dans une bagarre : on doit se défendre par-devant et on reçoit soudain un avertissement comme si on avait des yeux derrière la tête, derrière soi il y a quelqu'un avec un gourdin de caoutchouc... et maintenant, il frappe. Le commissaire se retourna plein de crainte. Il y avait derrière lui une fenêtre basse innocente, personne ne regardait par la vitre et devant lui était assis un vieil homme aux mains jointes. De nulle part le danger ne menaçait. Et pourtant, il y avait quelque chose d'inquiétant dans cette pièce bien propre ; le commissaire en fit rapidement le tour du regard. Une vieille armoire, dans un coin, le poêle, une étagère au mur avec de vieux livres.

Le regard de Studer s'arrêta sur les livres. Leuenberger leva la tête, suivit le regard de Studer, hocha la tête et dit comme s'il répondait à une question :

« De vieux livres, oui, de mon arrière-grand-père, des livres que l'on ne trouve plus, avec des remarques manuscrites. Je n'aime pas les montrer. »

Puis ce fut à nouveau le silence. Il entendit dans la cuisine le bruit timide de sabots, la fille devait être de retour. Des casseroles faisaient du vacarme, de l'eau coulait. Un coq chantait devant la fenêtre. Et pas même un procès-verbal d'autopsie, pensa le commissaire. Comment peut-on aborder cet homme ? Le jeu peut commencer. Il lui vint à l'esprit une comparaison bête dont il ne put se débarrasser : c'est comme au jass, l'adversaire a plein d'atouts dans les mains, il joue atout et espère pouvoir mettre les autres capot, il n'a qu'une seule mauvaise carte et à l'avant-dernier pli, on a encore deux as dans les mains, lequel doit-on jouer ? Si on joue le mauvais, on est fichu. Ici, c'était pareil : l'autre avait tous les atouts, mais il avait une mauvaise carte, Studer en avait l'intuition profonde et il fallait qu'il la joue. Si lui ne gardait pas la bonne carte, alors la partie était perdue, sa vie tout entière n'avait plus de valeur, son combat était ici, sur sa terre, il était après tout aussi fils de fermier ! Mon Dieu, les internationaux ! Ils n'étaient pas si intelligents et les grands spécialistes ne venaient jamais en Suisse. Mais ce fermier, ce Leuenberger l'intéressait, il devait le lui montrer. Cependant, le jeu avait à peine commencé et où était l'enjeu ?

Il ne s'agissait cette fois pas d'un litre de fendant [1], il y avait plus en jeu. Studer tira son mouchoir de sa poche d'un air absent et s'essuya le front.

1. Vin blanc du Valais. *(N.d.T.)*

Il transpirait.

Ce silence dans la petite pièce ! C'était insupportable. Le ciel s'obscurcit encore davantage et le brouillard était de retour ; il pleuvait et la pluie tapotait tout doucement contre les carreaux. En face de lui, le vieil homme avec sa coiffe de velours et ses fleurs brodées. A ce moment-là, le fermier joua son premier atout :

« Vous vous êtes trop intéressé à moi, monsieur », dit-il d'une voix calme et indifférente.

Seuls les rayons traversaient les yeux de pierre.

« Que voulez-vous dire ? » demanda Studer sans réfléchir. Il aurait voulu ravaler ses paroles, il aurait dû se taire. Se taire était ce qu'il y avait de mieux à faire, disait le vieux juge d'instruction. Il soupira : les juges d'instruction ont beau jeu de parler, ils sont assis dans leur bureau, c'est nous qui faisons le travail préliminaire, ils trônent sur leur piédestal, ils ont de l'autorité. J'aimerais voir ce que ferait un juge d'instruction à ma place.

Mais l'autre semblait aussi connaître le jeu, car il ne répondit pas à la question du commissaire et se contenta de regarder paisiblement ses mains jointes :

« Oui, dit Leuenberger de sa voix sourde, oui, j'ai perdu trois femmes dans les dernières années, il doit y avoir une malédiction sur la ferme. » Il guettait les réactions de son invité au mot « malédiction ». Mais le commissaire avait un peu appris, il garda certes le mouchoir dans ses mains, mais il croisa les doigts dessus et hocha hypocritement la tête.

La fille apporta le repas, du lard, de la choucroute, des pommes de terre. Les hommes mangèrent en silence. Dans la cuisine, les domestiques piétinaient, le commissaire les entendit s'asseoir, il entendit le bruit de la cuiller dans l'assiette, tendit l'oreille pour tenter de saisir un mot par la porte entrebâillée. Les domestiques mangeaient en silence. Bruit de chaises, ils sortirent, la fille vint dans la pièce, débarrassa la table, posa une bouteille de Brönnts [1] sur la table, deux verres et quitta la pièce. Ce n'était pas des verres à schnaps, mais des verres à vin. Leuenberger remplit les verres, vida le sien d'un trait et le commissaire suivit son exemple. Il aurait volontiers poussé un juron, mais il n'eut pas le souffle nécessaire. C'était de l'acide nitrique ! Aucun muscle ne bougea sur le visage figé de Leuenberger. « Un bon petit schnaps », dit-il et le commissaire eut l'impression qu'il riait avec ses molaires. Puis il joua son deuxième atout : « Pourquoi la police s'occupe-t-elle de mes affaires en m'envoyant un commissaire ? Ai-je fait quelque chose de mal ? » Etait-ce le schnaps qui commençait à faire son effet, était-ce le mépris évident que lui témoignait son interlocuteur ? Tout à coup, Studer eut l'esprit tout à fait clair. L'anxiété avait disparu, il sentit soudain très clairement que son interlocuteur était mûr, mais il fallait lui laisser du temps, boire avec lui, tout l'après-midi s'il le fallait ; ses pensées se troublèrent encore une fois, très brièvement, quand il pensa à sa santé : avec ton cœur, se dit-il, ça peut te coûter un infarctus, mon Dieu, pensa-t-il, les enfants ont presque atteint l'âge adulte et la vieille est à la retraite. Quand il retrouva ses esprits, il sortit son mouchoir, prit un air embarrassé, se moucha avant de répondre et fit une réponse pitoyable :

« Oh, on n'a rien contre vous ! mais il y a toujours de mauvaises langues et nous avons reçu une lettre qui... »

Il fit semblant d'hésiter, puis sortit la lettre de sa poche et la posa devant le fermier.

1. Sorte de schnaps. *(N.d.T.)*

Le fermier sortit son mouchoir, le garda hésitant un instant dans la main, puis sortit ses lunettes ; il essuya les verres, mais le commissaire l'interrompit en lui demandant : « Vous fumez ? » et lui tendit une boîte de Toscani noirs. Leuenberger le remercia, en choisit un, le posa à côté de lui, finit d'essuyer ses lunettes et les posa cérémonieusement sur son nez. Studer alluma une allumette et proposa du feu au fermier. L'allumette lui brûlait déjà les doigts, mais il tint bon (il pressentait que ces petits détails et une attitude décontractée étaient importants), le cigare finit par s'allumer, Leuenberger fit quelques ronds de fumée comme une locomotive bien élevée, remplit les verres et but l'acide nitrique tout en observant le commissaire. *Un homme averti en vaut deux*[1], se dit Studer. Il s'en voulait d'avoir aujourd'hui tous ces mots romands dans la tête. Il but cependant la boisson sans perdre son sang-froid, il fit même claquer sa langue et dit à son tour : « Un bon petit schnaps. »

Leuenberger se pencha sur la lettre, l'étudia attentivement, puis la repoussa. « Oui, dit-il, il y a des gens méchants dans ce monde. »

Puis ce fut à nouveau le silence. La pluie clapotait sur les vitres, une lumière crépusculaire sale envahit la pièce. Les hommes fumaient. Si seulement il n'y avait pas eu ce calme dans la ferme. Studer sentit à nouveau le danger le menacer par l'arrière, c'est pourquoi il dit d'un ton qui se voulait désinvolte :

« Par ce temps, vos femmes ne vont pas se sentir bien dans la terre du cimetière.

— Que m'importent les femmes, mon grand-père en a enterré six.

1. En français dans le texte. *(N.d.T.)*

— La vraie famille Barbe-Bleue », dit le commissaire et il regretta aussitôt ses paroles, il se serait giflé, dire de telles bêtises ! Mais sa réponse ne sembla pas si inappropriée, car l'autre fut pris d'un drôle de tic au coin de la bouche. Studer prit la bouteille sur la table, remplit les verres, c'était aller contre l'étiquette, il le savait, mais maintenant il s'en moquait de l'étiquette, il devait ramollir l'autre comme une poire qu'on écrase dans sa main.

« A la vôtre », dit-il.

Le fermier eut une hésitation avant de boire et Studer dit à nouveau : « Un bon petit schnaps. »

A ce moment-là, Leuenberger se leva et alluma la lumière. Le commissaire n'en croyait pas ses yeux, le regard de Leuenberger n'était plus de pierre et ses yeux étaient humides ! Le commissaire se félicita plus tard d'avoir gardé le silence, bien que... Leuenberger ne se rassit pas, mais dit qu'il avait dehors une bonne petite goutte et lui demanda s'il devait aller la chercher. Il avait un air particulièrement abattu. Le commissaire hocha la tête d'un air détaché bien qu'il fût tout à coup pris de nausées et qu'un voile noir lui passât devant les yeux. Il serra les dents, se moucha et peu s'en fallut que sa tête n'explose. Il se cria à lui-même qu'il devait tenir bon et faire attention. Sinon, tout ce qui s'était passé avant n'aurait pas eu de sens. Ses paroles furent bienfaisantes. Leuenberger sortit. Il s'absenta longtemps, le commissaire serait bien sorti prendre l'air, mais il tint bon, tel un soldat à son poste.

Le fermier revint enfin dans la pièce. Il tenait une petite bouteille poussiéreuse à la main. Elle était déjà débouchée, le fermier avait encore le tire-bouchon à la main. Est-ce ce détail qui parut suspect au commissaire ? Il n'aurait pas pu le dire. Mais Leuenberger commit une deuxième erreur en disant : « J'ai assez bu, essayez-le tout seul, monsieur. »

Il s'était trahi, le commissaire faillit hurler, mais il se contenta de lui prendre la bouteille et le tire-bouchon des mains, d'extraire délicatement le bouchon, de refermer la bouteille et de la mettre dans sa poche. Dans la poche où il avait mis les Toscani. Il dit ensuite d'une voix neutre (il était redevenu le commissaire Studer de Berne, l'officier de police) : « Je préfère porter la bouteille au laboratoire de police. »

Leuenberger resta debout un instant, puis il s'assit, appuya sa tête sur un de ses poings et fixa la table.

« Tout ça, c'était pour pouvoir voler », dit Leuenberger comme s'il sortait d'un rêve.

Le commissaire se tut. Jouait-il la comédie ? Il devait tout lui faire cracher, même s'il n'y avait pas de témoins des aveux, on pouvait encore demander l'exhumation. Il avait gardé le bon as, mais pour l'amour du ciel, il ne devait rien laisser paraître maintenant. Il éprouva un vague sentiment de pitié pour cet homme qui était peut-être un peu fou. Mais en même temps, il revoyait les petites fleurs de soie brodées sur la casquette de velours du fermier, les doigts qui l'avaient brodée étaient pourris maintenant, ils s'étaient peut-être recourbés dans le combat contre la mort et personne ne leur était venu en aide. Il fallait qu'il soit un peu éméché pour que de telles histoires lui viennent à l'esprit.

Leuenberger répéta : « C'était pour voler. Mon grand-père l'a écrit dans son livre, après la mort de la septième femme, on acquiert la force de voler. Il y est presque arrivé, mais la septième femme lui a survécu... sinon... sinon, il aurait pu voler.

— Mais mon gars... », hurla le commissaire (il hurla vraiment, tant cette histoire lui paraissait folle). « Mais, mon gars, et les vols au-dessus des Alpes ? Tu peux voler sur n'importe quel aérodrome ! »

Leuenberger le regarda longtemps d'un air hautain, ses yeux retrouvèrent leur dureté, la lueur revint dans son regard et il dit doucement de sa voix fatiguée :

« Et l'immortalité ? Je peux l'acheter sur un aérodrome ? Il est écrit : Tu pourras voler jusqu'à la fin du monde et rien ne te restera caché. »

Il se leva d'un bond, alla chercher un des vieux livres qui étaient posés sur l'étagère et l'ouvrit. Le commissaire eut quelques difficultés à déchiffrer l'écriture ancienne. C'était écrit là : « Jusqu'à la fin du monde. » Il prit le livre sous le bras.

« Venez maintenant, Leuenberger, dit Studer avec douceur. On trouvera le reste. »

Ils descendirent la montagne et traversèrent le village paisible. Leuenberger n'opposa pas de résistance. Le commissaire le tenait d'une main et avait le livre de l'autre. Dans la petite ville, le commissaire le livra à la police du district après un entretien téléphonique avec la police de Berne.

Mais le commissaire dut se passer de sa gloire internationale bien méritée ; le *Journal* ne publia pas sa photo et ne lui fit pas l'honneur d'une de ces épithètes flatteuses dont les Français ont le secret, car Leuenberger se pendit dans sa cellule le soir même sans que personne sache si son âme avait fini par apprendre à voler.

Interrogatoire

Vous êtes un homme puissant, monsieur le juge. Un mouvement de la main et tous les casse-pieds disparaissent. Vous ne pouvez pas savoir combien j'ai souffert ces dernières heures. Ils étaient six après moi et ils m'ont torturé, torturé avec des questions plus cruelles que les procédés utilisés au Moyen Age comme la dislocation ou l'entonnoir. Ils m'ont laissé mourir de soif... ma bouche est toute desséchée. Mais il suffit que vous apparaissiez, monsieur le juge, pour que les tortionnaires disparaissent. Comme je le disais, un geste de votre part et...

Non, ne pensez pas que je sois trop bavard. C'est seulement une réaction. Demandez-vous seulement comment vous vous sentiriez si vous deviez comparaître devant un tribunal révolutionnaire où vos inquisiteurs seraient les cambrioleurs, les vagabonds et les ivrognes dont vous vous êtes occupé toute votre vie. Croyez-vous que ces gens se conduiraient correctement envers vous ? Je ne le crois pas. Et vos commissaires, inspecteurs, agents spéciaux (je ne m'y retrouve vraiment pas dans toutes ces catégories), tous ces gens ne sont pour moi que la masse, la populace, la racaille comme on disait autrefois. Pour ces gens, c'est une joie de torturer ceux qui ne portent ni nœud de cravate bien fait, ni chaussures sur mesure, ni pantalons bien repassés. N'ai-je pas raison?...

Vous ne dites rien, monsieur le juge. Comme votre silence est bienfaisant après le tintamarre que faisaient vos subordonnés. Ils se penchaient parfois à trois au-dessus de moi pour me cracher leurs questions au visage. J'ai d'abord essayé de répondre, mais après, j'ai laissé tomber. A quoi bon? Ces prolétaires de la justice...

Ma bouche est complètement desséchée et j'ai du mal à parler; je n'ai rien mangé et rien bu depuis hier soir. Seriez-vous assez bon pour m'offrir un verre d'eau?

Très aimable de votre part de me commander du vin et à manger. Vous verrez que dès que je serai restauré, je pourrai vous exposer mon cas si clairement qu'il vous sera impossible de ne pas me relâcher...

Je suis un grand industriel, monsieur le juge; dans la petite ville dans laquelle je vis, on m'a donné le titre d'un bourgmestre occulte. Le titre m'est resté. Je ne m'occupe par principe pas de politique, je ne suis membre d'aucun parti; c'est pourquoi il arrive que mes paroles aient du poids et que je fasse pencher la balance lors des élections. Je ne vous raconte tout ceci que pour que vous vous y retrouviez, pour que vous puissiez vous faire une image de moi, de ma personnalité. Et ne croyez pas que je veuille me vanter, mais quand je pense à l'impression que je dois vous faire avec mon col usé et mes vêtements fripés, je me sens obligé de me présenter tel que je suis.

Et ce commissaire chauve ose me traiter de meurtrier, moi, un homme intègre qui a toujours payé ses impôts (certes, il y a des contraintes qui ne permettent pas toujours de régler ces affaires promptement), moi, un grand industriel.

Plus d'une fois, il m'a crié le mot au visage ou murmuré à l'oreille. Moi, un meurtrier, je vous en prie, monsieur le juge, ai-je l'air... ?

Ah, voilà le vin ! Et il y a aussi des sandwiches ! Mais j'espère bien, monsieur le juge, que vous en serez aussi. Je suis persuadé que vous n'avez pas encore pris votre petit déjeuner. Et qu'on vous ait tiré si tôt du lit... ! Je sais, je sais.

La conscience de son devoir... Je connais cela. Quand je songe au nombre de nuits blanches que j'ai passées à chercher des améliorations à apporter à mon entreprise, à étudier un allégement du travail... Oui, le devoir...

Bien sûr, le café vous était destiné, vous en aurez besoin. Puis-je simplement vous demander de m'en laisser une petite gorgée, j'ai en effet peur que le vin ne m'endorme ?...

J'aimerais aussi vous demander mon étui à cigarettes, il est à côté de vous, vos gardes du corps me l'ont confisqué comme s'il contenait une arme dangereuse. Ha ha... que pourrait-il y avoir d'autre dans mon étui à cigarettes que du tabac, n'est-ce pas ?

Vos hommes ont-ils cru qu'il y avait de la dynamite ?...

Vous avez raison, monsieur le juge, il faut rester sérieux, assez plaisanté... Je vous dois l'histoire, mon histoire, l'histoire de mon aventure. Permettez-moi encore une question, à qui ai-je l'honneur de parler ? Peut-être ma question n'est-elle pas convenable, les criminels que vous avez l'habitude d'interroger vous connaissent vraisemblablement déjà. Peut-être êtes-vous célèbre dans votre profession, mais vous devez considérer que je suis plutôt profane en matière de justice et surtout dans le domaine pénal (en revanche, je connais bien le code de procédure civile). Mais c'est seulement dans ce que je lis dans le train, dans les romans policiers, que j'ai puisé mes connaissances en criminologie. Vous voyez donc que je n'en suis pas bien loin...

Alors, comment dites-vous ?... Schafroth ? Un drôle de nom qui fait penser à échafaud[1], ne trouvez-vous pas ?...

Bon, mon histoire : j'avais prévu d'aller en Italie par le train de nuit. Je suis malade en avion et je ne pouvais pas utiliser la voiture en cette saison, les routes sont mauvaises et les cols enneigés. C'est pourquoi j'ai préféré prendre un billet de seconde classe. Je suis un homme simple. D'habitude, je voyage en troisième classe, car je suis au fond de moi-même un démocrate, vous savez. Mais pour ce voyage de nuit, il valait mieux prendre un billet de seconde pour ne pas arriver fatigué.

Certes, j'aurais dû prendre un wagon-lit... Mais que voulez-vous, en ces temps de crise, il faut savoir être économe... Oui, oui, les affaires en Italie étaient importantes, elles exigeaient ma présence, sinon j'aurais sûrement envoyé un de mes collaborateurs... Ma femme m'a accompagné à la gare, nous avons dîné en ville... Oui, ma femme est beaucoup plus jeune que moi. Vous voyez bien, j'ai les tempes grisonnantes, nous avons sûrement à peu près le même âge, monsieur... euh... comment dites-vous ?... Quelque chose comme échafaud... non, non, pas échafaud... Cela ne me revient pas, peu importe... monsieur le juge... exact, monsieur Schafroth...

Un mariage d'amour. Ma femme a vingt-neuf ans, on dirait une jeune fille. Bien sûr, elle se maquille et ça y fait sûrement. Nous formons un couple uni, nous ne nous disputons jamais. Nous avons un garçon de cinq

1. En allemand, échafaud se dit *Schafott. (N.d.T.)*

ans qui s'appelle Lovis. Le nom me plaisait. Peut-être sera-t-il artiste un jour... Bien que l'art, de nos jours... Que voulez-vous, j'aime lire, j'ai aussi une belle collection de gravures, quelques esquisses de Whistler, je vous le dis, des perles... Que voulez-vous dire ? Vous collectionnez aussi ? Faites-moi le plaisir de me rendre visite un jour. Vous pourrez passer la nuit chez moi. Je vous ferai prendre avec la voiture. Ne protestez pas, monsieur le juge, je dois me montrer reconnaissant de votre amabilité et ma femme en sera si heureuse ! Elle est très accueillante, tout comme moi, et quelle plus grande joie avons-nous au monde que celle de recevoir de bons amis ?

Ma femme m'accompagne donc à la gare. Il pleuvait. Vous savez, la pluie de novembre qui claque encore maintenant sur les carreaux. Je trouve un compartiment vide, cherche le contrôleur, lui glisse une pièce de cinq francs dans la main et lui promets le double si je reste seul jusqu'au matin. J'ai eu la chance de tomber sur un type bien qui comprend la vie, il a fait disparaître l'argent en moins de deux et m'a salué comme si j'étais chef d'état-major ! Ma femme est montée avec moi. Nous nous sommes promenés dans le couloir. Tout à coup, j'ai remarqué un monsieur qui était, lui aussi, assis dans un compartiment vide, je n'ai rien vu de son visage, il était caché derrière un journal. J'ai dit à ma femme : « Irène, cet homme me paraît bizarre », on aurait dit qu'il voulait se cacher de la police. Vraisemblablement il voulait passer la frontière, mais vous n'avez pas encore découvert son identité ? Provisoirement pas ? Eh bien, j'attends le résultat de vos recherches avec impatience. En tout cas, je ne le connaissais pas, je ne l'ai pas reconnu quand j'ai vu son cadavre...

Pourquoi est-ce que j'insiste sur ce point? Mais je n'insiste sur rien, je vous en prie, monsieur... euh... le juge, votre méfiance vous fait entendre des choses que je ne dis pas. Quand on est accusé, on utilise tout ce qu'on peut pour se défendre. N'est-ce pas?

Ma femme descend, nous nous séparons tendrement; il arrive rarement que je voyage seul, d'habitude, je l'emmène. Mais notre Lovis avait une inflammation des amygdales et ma femme était inquiète comme les femmes le sont toujours et ne voulait pas laisser l'enfant tout seul. Oui, nous les hommes mariés, devons toujours nous effacer devant les enfants et l'instinct maternel. Mais je m'écarte du sujet.

Déjà le train démarre, je suis à la fenêtre et je fais signe à ma femme. A ce moment-là, la porte s'ouvre violemment derrière moi et une vieille femme se précipite à l'intérieur. On voyait tout de suite qu'elle n'était pas à sa place en seconde; et imaginez un peu, avant d'entrer, elle sort deux garçons de dessous sa jupe, un de deux ans, l'autre de trois, je pense. Derrière ce trio suit le contrôleur, il veut les chasser du compartiment, je ne le laisse pas faire et lui fais signe de laisser tomber. Car je pense que la vieille dame (quand je dis dame, enfin... c'était une femme de travailleur, une femme de contremaître peut-être, qui voulait aller en Italie avec ses petits-enfants) a raclé les fonds de tiroir pour se payer le voyage en seconde classe. Pris d'un élan de bonté, je fais signe au contrôleur de partir et pense tout de suite au monsieur que j'ai vu caché derrière son journal. Entre hommes, nous nous entendrons bien. Je fais donc ma valise et disparais. Personne ne peut m'obliger à passer la nuit avec des enfants.

Je me dirige donc vers le compartiment du monsieur au journal. Quand j'y pense maintenant, j'aurais mieux fait de choisir de passer la nuit avec les enfants, je ne serais pas ici. Mais je suis sûr que tout va s'éclaircir et que je sortirai de cette pièce la tête haute, n'est-ce pas, monsieur... monsieur... le juge ?

L'homme au journal, je ne sais pas comment l'appeler autrement, le monsieur au journal, est toujours caché derrière son journal. Si cela vous intéresse, c'était *le Temps* qu'il lisait, un grand journal, pratique pour se cacher.

L'homme au journal est assis dans le coin, dans le sens de la marche, il ne lève pas les yeux quand j'entre dans le compartiment, il ne lève pas les yeux quand je trébuche sur ses pieds et m'excuse. Il se contente de marmonner quelque chose d'incompréhensible. Je case ma valise dans le filet, me rassieds et réfléchis : je ne serai pas dans le sens de la marche, ça ne me réussit pas, ça me donne des vertiges. Mais ça ne fait rien, je peux allonger mes jambes et tourner mon visage vers la cloison, ainsi je serai dans le sens de la marche et tout ira bien. Vous voyez, je me souviens encore bien de mes pensées et vous croyez que je pourrais me tromper dans une affaire aussi importante que cette accusation ? Moi, un homme d'affaires connu pour sa bonne mémoire ? J'ai un système mnémotechnique tout à fait particulier, mais le moment est mal choisi pour vous l'exposer...

Ce vin est excellent... Pardonnez-moi, vous m'avez posé une question, je n'ai pas fait attention... Mais non, monsieur... euh... monsieur Échaf... monsieur le juge. Les gens ne sont pas toujours aussi mauvais que vous le pensez, pas du tout. Je vous demande de ne pas répéter la question, je veux garder du temps pour la réflexion... Mais quand on a subi un interrogatoire de près de six heures, et quel interrogatoire ! vous devez comprendre que le cerveau est fatigué et qu'il ne réagit pas aussi vite que d'habitude...

Vous voulez savoir si le monsieur avait des bagages ? Attendez, tout est gravé dans ma tête. Mais il en va comme pour les gravures, quand vous pensez bien connaître une gravure et que vous la regardez une deuxième fois, elle vous semble toute nouvelle, certains détails, certaines finesses que vous n'aviez pas vus auparavant apparaissent... Ça n'a rien à voir avec votre question ?...

Permettez, s'il vous plaît. Je dois me remettre certains détails en mémoire, comme je le disais, regarder plus précisément certaines parties de la gravure avec mon œil d'intellectuel... C'est seulement après que je pourrai vous renseigner. Et n'oubliez pas que vos prolétaires m'ont complètement renversé le cerveau... Eux aussi m'ont posé cette question... Autant que je puisse me souvenir, il portait un petit sac jaune, sûrement un sac en peau de porc, en vraie peau de porc, je sens encore l'odeur... Très nettement... Oui et je me souviens, quand je suis revenu et que j'ai su que le... malheur... le meurtre s'était produit pendant mon absence, je n'ai plus pensé à ce sac. Mais mon subconscient a dû l'enregistrer, car je revois maintenant très nettement le filet vide... Le sac n'a pas été retrouvé ?... Ça ne fait que renforcer ma conviction, à savoir qu'il s'agit d'un vol de train habituel. Peut-être y avait-il des objets de valeur dans le sac...

Merci, monsieur le juge, seulement un morceau de sucre... D'habitude, je bois toujours le café sans sucre, mais je fais une exception aujourd'hui...

Sans vouloir vous flatter, votre remarque témoigne d'un don étonnant pour l'analyse... Le contenu du sac pourrait certainement nous conduire à une piste, si nous trouvions le sac chez quelqu'un, nous pourrions certes en déduire la culpabilité de ce quelqu'un. Mais là est justement toute la difficulté. Car, jusqu'à présent, le sac n'a toujours pas réapparu... Il en a peut-être été question... Dans les déclarations des différents témoins, du contrôleur par exemple ?...

Ce que vous ne dites pas !... Non, vos subordonnés ne m'en ont pas fait part... C'est la déclaration du contrôleur qui m'accable le plus. Il prétend qu'il est absolument impossible que quelqu'un d'autre soit entré dans le wagon ?...

D'où cet homme tire-t-il cette certitude ? Je me souviens d'avoir lu une fois la critique d'un livre qui parlait des déclarations douteuses des témoins ; un professeur avait joué une petite comédie devant ses étudiants et leur avait ensuite fait raconter cette comédie par écrit... Oui, oui, je suis sûr que vous avez lu ce livre et pas seulement une critique, comme moi. Ne croyez-vous pas que certains témoins sont peu dignes de confiance, comme cet homme qui se laisse acheter alors qu'il est en service et qui n'est ensuite même pas capable de gagner honnêtement son argent ? Peut-être a-t-il bu du schnaps dans un coin du wagon et oublié son service en dormant et il veut maintenant se blanchir à mes frais...

Non, je ne m'emporte pas, je ne m'énerve pas. Mais il y a une chose que je veux vous dire en face, les méthodes de la justice ne sont pas courtoises, la justice ne s'en tient à aucune règle.

L'indifférence est une preuve de culpabilité, l'énervement est une preuve de culpabilité, l'accusé peut se comporter comme il veut, c'est toujours faux, son attitude sera toujours interprétée en sa défaveur. Vous dites que vous voulez découvrir la vérité, n'est-ce pas ? Mais en fait, vous ne voulez pas la vérité, vous voulez un coupable...

Je veux bien croire que tous les prisonniers disent la même chose. Mon Dieu, nous ne disposons pas de tellement de formes juridiques compliquées pour exprimer des choses simples de la façon la plus complexe possible...

D'après vous, je m'écarte à nouveau du sujet. Mais c'est de votre faute. Je continue donc.

J'ai ôté mes chaussures, j'ai sorti les pantoufles de cuir qu'Irène m'avait offertes à Noël dernier, j'ai mis ma robe de chambre en prenant soin de bien mettre mon porte-monnaie dans ma poche-revolver. En faisant ceci, je me suis retrouvé avec mon petit pistolet à la main, je l'ai sorti de ma poche (elle ne pouvait pas contenir les deux) et je l'ai posé sur le coussin gonflable que je venais de gonfler. J'ai encore jeté un coup d'œil à mon compagnon qui avait toujours la tête dans son journal. Il n'avait donc pas prêté attention à toutes les précautions que j'avais prises. Je lui ai demandé poliment si je ne le dérangeais pas en fumant une cigarette. Si je ne fume pas, je ne peux pas dormir. Je devinai plus que je ne le vis vraiment un hochement de tête auquel s'ajouta un son qui ressemblait à un bruit nasal. Cela ne le dérangeait donc pas. Je finis ma cigarette.

Ce serait possible, tout à fait possible. Par la vitre de la porte, il aurait été facile de m'observer...

Ceci est aussi digne de votre perspicacité, monsieur... monsieur le juge, car il n'y a qu'un seul indice dans cette affaire : que le meurtre ait été commis avec mon pistolet... et qu'on n'y a apparemment relevé que mes empreintes... Cela n'a d'ailleurs rien d'étrange puisque j'ai ramassé le pistolet quand je suis revenu...

Cela vous est facile de dire que j'aurais dû le laisser par terre, c'était comme un réflexe. Ne vous baissez-vous pas aussi quand vous voyez par terre un objet qui vous est familier? C'est tellement instinctif... Vous ne pouvez pas me le reprocher, monsieur Échafaud... pardon, monsieur Schafroth.

Eh bien, l'histoire est bientôt terminée. Je voulais aller aux toilettes avant que le train n'entre dans la prochaine gare. Je me suis dirigé vers la porte, j'ai traversé le couloir et je n'ai rencontré personne. J'ai dû m'absenter environ dix minutes, je me suis lavé les mains, brossé les dents (je vous prie de remarquer à nouveau à quel point je peux me souvenir des détails les moins importants) et je suis revenu par le couloir. Les rideaux des compartiments étaient déjà fermés; en remontant ma montre par habitude, j'ai regardé l'heure, il était exactement huit heures et demie; d'après mes calculs, nous devions entrer dans la prochaine gare un quart d'heure plus tard. Dans mon compartiment aussi les rideaux étaient baissés, je m'en suis étonné, car je ne l'avais pas fait. Je me suis dit que mon homme au journal avait enfin pu se tirer de son *Temps*. C'était bien. Nous pourrions tamiser la lumière et dormir tous les deux. J'étais fatigué, je m'étais levé très tôt, il y avait tellement de choses à faire.

J'ai ouvert la porte tout doucement, la lumière était allumée, mon coussin était retourné, le petit pistolet était par terre comme je vous l'ai déjà dit...

Où il était?... Attendez... il était devant les pieds de l'homme qui était assis la bouche ouverte dans son coin, le journal était grand ouvert sur ses genoux, il était percé d'un trou rond...

D'ailleurs, il est là, le journal... c'est alors que j'ai vu pour la première fois le visage de l'homme au journal. Un visage quelconque, rasé de près, encore assez jeune, à côté de sa main gauche ouverte sur les coussins, la paume dirigée vers le haut, j'ai vu une paire de gants en peau de porc grise.

Non, sinon je n'ai rien remarqué...

Assurément non, monsieur le juge, il n'y avait rien d'autre autour, son sac avait disparu, je vous l'ai dit, sa veste était grande ouverte comme si quelqu'un lui avait fait les poches en toute hâte... Pourquoi me reposez-vous pour la troisième fois la même question ? Est-ce un piège ?... Tendez donc vos pièges, quand on a la conscience tranquille comme moi, on n'a rien à craindre...

Des morceaux de papier ?... Non, je n'ai pas vu de morceaux de papier... Comment, je n'ai pas eu de chance ?... Je ne vous comprends pas... Tout est si étrange ; puis-je vous demander des allumettes ?... Merci... Où... où... avez-vous trouvé ça ? C'est, c'est... la tête de... Non, je ne connais pas cette dame. Une impression, j'ai d'abord cru que c'était Irène, les traits ont quelque ressemblance, je ne peux pas le nier. Et ce morceau de papier avec ce visage a été trouvé dans le compartiment ? Que ne dites-vous pas là ?...

Je ne connaissais pas cet homme, je le répète... Vous offensez ma femme, monsieur... le juge, monsieur Schafroth, non, ma femme n'a pas d'amant, je ne tolérerai pas ce genre d'insinuations. On dirait vraiment que vous voulez marcher dans les traces de vos prédécesseurs prolétaires, mais vous pensez sûrement que votre style de torture, la torture courtoise, est la plus efficace... C'est pourquoi vous m'avez commandé du vin et des sandwiches... Ha, ha ! je sais, je sais que nous nous croyons plus civilisés que les Arabes, mais quand vous allez voir ces soi-disant sauvages et qu'ils vous donnent du pain et du sel, vous êtes leur hôte, inviolable... J'ai reçu de vous le pain et le sel, je suis votre hôte, monsieur, mais vous abusez des lois de l'hospitalité...

Vous riez de mon malheur, avez-vous encore d'autres

surprises dans votre sac ?... Jouez cartes sur table, nous sommes seuls et si je vous... mais ce ne sont que sottises, vous n'avez pas de greffier, il ne voudrait sûrement pas sortir de son lit. En fait, je peux vous raconter ce que je veux, me moquer de vous en faisant de faux aveux, seulement pour pouvoir enfin dormir, mes yeux se ferment, de faux aveux et demain je me rétracte, qu'en dites-vous ? Un avocat habile pourrait tirer parti d'une telle situation... En utilisant des slogans comme : torture psychologique, interrogatoire prolongé interdit, mon client ne pouvait pas faire autrement que de craquer...

Qu'en dirait l'opinion? Hein? La justice n'a pas bonne presse... Interrogez-moi encore, je suis sûr de moi, je suis innocent, rien ne peut m'arriver...

Vous n'avez rien dit depuis longtemps... Je ne voudrais en aucun cas interrompre le cours de vos méditations...

Mais vous trouvez aussi qu'il serait temps d'aller dormir ? Dehors, le jour commence à poindre sur les toits... On ne chauffe pas chez vous ? J'ai froid... Vous ne dites toujours rien... Alors, je peux aussi...

Ce grattement qu'on entend... Je l'ai remarqué depuis longtemps déjà, je pensais que c'était des rats... ou des souris, mais le bruit est trop régulier pour qu'il puisse venir d'un animal... je devrais pourtant reconnaître ce grattement, ce grésillement, ce frottement... Un dictaphone, bien sûr ! Et un aide de bonne volonté qui change les bobines quand elles sont pleines ?... Vous voyez, nous, les accusés, avons aussi parfois des idées, nous combinons aussi... Très habile... Vous pouvez donc faire entendre aux juges chaque intonation de ma voix. Habile, très habile. Simplement, votre intelligence ne vous servira à rien...

Votre silence me pèse... Est-ce une méthode pour me dompter ? Nous verrons... Des gants en peau de porc... des gants en peau de porc grise... Ils étaient à côté du corps... L'homme au journal était élégant, il était apparemment cultivé, puisqu'il lisait *le Temps.* Des gants en peau de porc grise...

Il y a parfois de drôles de hasards. Voici une semaine, ma femme m'a demandé de l'accompagner chez un gantier, elle voulait acheter une paire de gants à son père pour son anniversaire, elle dit que j'ai du goût. Nous avons acheté une paire de gants en peau de porc grise... Un hasard. Les gants du défunt étaient neufs, eux aussi...

Vous ne dites toujours rien. Puis-je voir encore une fois les morceaux de papier ?... C'est peut-être Irène, mais je ne lui ai jamais vu un sourire aussi heureux... Mais, voyez-vous, la femme dont vous n'avez que la tête sur ce bout de photo, elle portait aussi une robe sur la photo complète, et la robe me rappelle une robe d'été d'Irène...

Même avec des demi-aveux, vous n'êtes pas sorti de votre réserve... Car si je parle de la robe, c'est que j'ai dû voir la photo, n'est-ce pas ? Bien sûr que je l'ai vue, elle était à côté du mort, je l'ai déchirée, je ne voulais pas... et j'ai jeté les morceaux par la fenêtre, je pensais qu'ils seraient tous emportés par le vent, mais le vent m'a joué un tour et m'a renvoyé la tête dans le compartiment...

Je vous observe depuis longtemps, vous attendez quelque chose... Vous ne me surprendrez plus, je sais ce que l'homme qui approche apporte... Mais je veux garder mon sang-froid... Vous m'autoriserez bien encore une cigarette ?... J'en ai encore deux ou trois de plus fortes... Non, merci, je ne l'allumerai que lorsque votre surprise arrivera...

Le sac en peau de porc... tout mouillé... Vous pouvez vous retirer, jeune homme, vous avez bien fait votre travail... Le fleuve n'était pas bien profond, sinon vous ne l'auriez pas retrouvé... Comme je le disais, vous avez bien fait votre travail... Vous pouvez vous retirer, ce que j'ai à dire est trop sérieux, la jeunesse ne ferait qu'en rire... Et finalement, c'est à vous, monsieur le juge, monsieur Schafroth, je connais enfin votre nom, je ne le confondrai plus avec échafaud, c'est à vous que je préfère me confier pour vous récompenser de votre amabilité...

N'ouvrez pas le sac... Laissez-moi parler... Vous avez raison, je vais d'abord allumer ma cigarette... Oh, dans l'excitation, je l'ai toute mâchée, jetons-la dans la corbeille à papiers... En fait, vous pouvez ouvrir le sac... Il contient des lettres, pendant ce temps j'aurai le temps de me concentrer... Vous comprenez ?... Mes allumettes ne valent rien, elles cassent toujours.

Oui... Des lettres d'amour, des lettres d'amour de ma femme... Merci, je reprendrai bien un peu de vin, j'ai un goût amer dans la bouche...

La seule chose que je pourrais avancer pour me disculper est la suivante : j'ai agi en état de légitime défense. Mais vous voyez, ça non plus, je ne peux pas le prouver. Arrêtez le dictaphone, nous n'en avons plus besoin. Demain je veux bien tout faire inscrire au procès-verbal... si c'est encore nécessaire... Merci, monsieur Schafroth. C'était bien un cas de légitime défense : il y a trois jours, j'ai découvert une lettre dans ma correspondance, elle était arrivée là par erreur ; c'était une lettre de ma femme. Elle était affranchie et comportait une adresse. Peut-être l'avait-elle donnée à la bonne qui l'avait ensuite, par distraction, mélangée aux lettres qui venaient d'arriver. Les femmes sont parfois si imprudentes. Bref ! J'ai ouvert la lettre, elle était adressée à une boîte postale. Il n'y avait pas de nom. Le contenu ? La lettre disait à peu près ceci : ma femme confirmait à un certain Claude que je partais bien dans deux jours en Italie, elle donnait l'heure du train, tout était très clairement expliqué. L'occasion était favorable, écrivait-elle, et lui Claude devait en profiter. J'ai pris une nouvelle enveloppe, j'ai moi-même tapé l'adresse à la machine et l'ai envoyée.

L'occasion... La lettre était tendre... Il y a des accidents qui peuvent arriver dans un train, on ne ferait pas beaucoup de bruit autour, trois lignes dans le journal, un article nécrologique dans la gazette locale : le célèbre industriel... patriote sincère... souvenir inoubliable... la chorale sous la direction de... l'a accompagné jusqu'à sa dernière demeure... Merci beaucoup.

Je n'ai rien laissé paraître... Les recherches sont inutiles, monsieur Schafroth, la lettre a été brûlée. Il y avait un post-scriptum et j'ai parcouru les lettres. Ce que vous pourrez encore trouver est sans importance, vous pourrez interpréter les lettres comme ceci ou comme cela, vous ne pourrez rien prouver contre Irène. Vous n'aurez pas votre scandale, croyez-moi.

Il commence à faire chaud dans cette pièce et j'ai des fourmis dans les jambes. Sûrement le manque de sommeil. Je vais me dépêcher, comme cela vous pourrez me laisser tranquille.

Mais voici le clou de l'affaire : ce bon Claude était un escroc... Comment je l'ai reconnu, bien qu'il se soit caché derrière *le Temps* ? Je vous ai dit que nous nous étions promenés dans le couloir. Irène a sursauté en passant devant sa porte...

Je parle de façon décousue... Le clou de l'affaire : Claude m'a proposé d'acheter les lettres, il ne voulait pas d'une mauvaise affaire, il ne voulait pas m'éliminer...

Le chantage est beaucoup plus simple, pas aussi gênant qu'un meurtre... Mais j'ai pourtant choisi le meurtre ? Le meurtre ? J'ai beaucoup d'excuses. S'il n'y avait pas eu ce morceau de photo... et je ne pouvais pas imaginer que vous chercheriez ce sac... Vous savez tout...

Mais il y a autre chose que vous n'avez pas remarqué... Vous étiez trop pressé, vous vouliez lire les lettres trop vite. La cigarette, oui la cigarette mâchée, ça y est, vous me suivez.

Oui, j'avais caché quelque chose dans la cigarette... en cas de besoin... Je l'avais depuis longtemps. Un ami médecin qui est mort maintenant me l'a offerte...

Une préparation sympathique, forte, seulement un petit coup au cœur, mais qui passe vite... Oui, les gants en peau de porc grise... C'est à eux que je l'ai reconnu, même si Irène n'avait pas sursauté... Ces gants en peau de porc grise.

Comme une femme sait bien mentir... Nous sommes tous plus ou moins menteurs... Et vous me faites un peu pitié, chercher jour après jour une vérité qui n'est pas la vérité... Car la vérité n'a rien à voir avec les mots... Ne croyez-vous pas ?...

Sur ce, je vous laisse, monsieur Schafroth, désolé pour les bobines du dictaphone... La justice travaille toujours de façon irrationnelle, toujours... Notez-le... Oh, ne vous donnez pas la peine, le médecin arrivera trop tard... Je veux dormir, bonne nuit, monsieur le juge Schafroth... ou plutôt bonjour, il fait jour.

Criminologie

L'histoire est amorale, qu'on se le tienne pour dit, mais comme elle se passe en des temps reculés où certaines méthodes ont fait leur apparition dans la criminalistique, on ne nuit plus à personne en la racontant.

Un jeune juge d'instruction avait été nommé dans une petite ville qui se trouvait être le siège d'un jury d'assises. On y commettait peu de crimes, mais le jeune juriste (c'est d'ailleurs lui-même qui m'a raconté l'histoire, il est devenu par la suite un procureur sage et plein d'humour) avait entrepris d'appliquer les méthodes de Locard à Lyon et de Reiss à Lausanne à ses propres fins. Il s'agissait d'études chimiques et microscopiques de terre et de poussière, de photographies en lumière noire et autres belles choses que tout enfant connaît aujourd'hui, mais qui étaient toutes nouvelles à l'époque. Les crédits étant limités, un laboratoire peu coûteux fut installé, mais le juge s'acheta tout de même un bon microscope et un bon appareil photo ; il avait en effet dans l'idée, au cas où un grand procès s'annoncerait, d'épater les jurés en faisant projeter dans la salle des photos réussies. On nomma une femme de vingt-six ans à la tête du laboratoire de recherches, elle s'appelait Hilde de son prénom et était chimiste diplômée.

La jeune femme n'était pas jolie, mais elle avait du caractère. Elle ne tolérait personne dans son laboratoire ; une autre présence n'était d'ailleurs pas nécessaire, car le travail suffisait à peine pour elle. Il y eut une fois un testament avec une fausse date, une autre fois une sale affaire de meurtre dans laquelle un innocent faillit être condamné à cause de taches de sang suspectes sur son costume, mais il s'avéra qu'il s'agissait de sang de poule et le vrai coupable, un vagabond, put être confondu. Dans les deux cas, ce fut le laboratoire ou plutôt la laborantine qui fournit les preuves nécessaires. Le juge d'instruction triompha donc par deux fois et reçut les éloges du procureur. Il ne demandait rien de plus.

Mlle Hilde avait loué un deux-pièces dans une maisonnette à la sortie de la ville. Elle y vivait seule. Le juge d'instruction lui rendait parfois visite, mais il se faisait toujours accompagner de sa sœur et personne n'y trouvait à redire. On chuchotait au sujet d'un proche mariage. Quand elle était chez elle, Mlle Hilde avait l'habitude de porter une délicieuse robe de chambre violette en soie brillante qui lui allait à ravir.

C'est alors qu'eut lieu la grande affaire. Un soir, vers dix heures, un riche négociant de la petite ville fut agressé à coups de poing dans une ruelle obscure et son portefeuille lui fut dérobé. L'homme reprit rapidement ses esprits, alla en vacillant jusqu'au poste de police et expliqua qu'on lui avait volé une somme d'environ cinquante mille francs. Son manteau (un raglan en tissu chiné) était déchiré et des boutons manquaient à la veste, l'attaque semblait donc avoir été violente. Il ne put fournir les numéros des billets volés, il avait encaissé des factures chez des fermiers qui ne purent pas non plus fournir les numéros, soit parce qu'ils avaient l'argent chez eux depuis longtemps, soit parce qu'ils avaient reçu l'argent de marchands de bestiaux. Bref, depuis le début, cette histoire ne menait nulle part.

Le lendemain, le juge convoqua Mlle Hilde et l'accabla de ses théories. « Quand nous aurons le coupable, dit-il, il nous sera facile de prouver sa culpabilité. Pensez donc à la violence avec laquelle le manteau a été ouvert. Il y aura sûrement des résidus de cheveux sous les ongles du criminel. Seulement de la poussière, certes, mais quelle preuve accablante ! Et s'il nie : la diapositive ! La diapositive que vous allez faire ! Un suspect ! Si seulement nous avions un suspect ! »

Le soir, un certain Niemayer fut arrêté après enquête auprès de sa logeuse. Un beau garçon blond, robuste, âgé d'environ vingt-huit ans, commis chez le négociant qui avait été attaqué. Sa logeuse avait dit qu'il n'était pas chez lui la nuit précédente. Le juge étonna le policier qui avait procédé à son arrestation en lui demandant au téléphone :

« L'homme s'est-il lavé les mains ?

— Attendez », dit le policier avant d'aller inspecter les mains du prisonnier ; il revint et annonça au juge :

« Non, ses mains sont sales.

— Veillez à ce qu'il ne les lave pas ! »

Le juge se rendit ensuite avec Mlle Hilde à la prison du district. Niemayer était assis dans sa cellule, il dut tendre ses mains à Mlle Hilde qui lui nettoya les ongles avec un petit bâtonnet. Niemayer fit cette remarque :

« On nous fait aussi les ongles maintenant, en prison ?

— On va vous faire les ongles, mon cher, mais ça vous coûtera au moins quelques années. »

Le juge alla vite chercher du papier et une plume, la saleté fut emballée dans un petit papier et Mlle Hilde dut apposer sa signature sur le petit paquet. Dehors, le juge lui dit :

« Vous savez que vous avez prêté serment, mademoiselle Hilde ?

— Oui », dit la jeune femme.

Le lendemain, Niemayer nia. Il essaya d'expliquer son absence cette nuit-là par une mauvaise migraine qui l'aurait conduit à faire une promenade nocturne. L'excuse classique. Le juge rit. Le raglan du marchand fut gratté, afin que la poussière puisse être comparée avec la saleté que Niemayer avait sous les ongles.

Si elles concordaient, alors Niemayer serait incarcéré. Le négociant avait affirmé n'avoir jamais emporté son manteau au bureau.

Le soir, le juge d'instruction alla au laboratoire.

« Alors, quel est le résultat ?

— Négatif », répondit froidement Mlle Hilde.

Le juge était furieux. Sans mot dire, Mlle Hilde mit en marche l'appareil de projection. Sur l'écran apparut un cercle avec des petits vers violets entrelacés qui brillaient étrangement.

« C'est ce qu'on a trouvé sous les ongles de Niemayer, dit Mlle Hilde. Et ça, ce sont les résidus du raglan. »

Un nouveau cercle apparut avec des peluches noires mates. Aucune ressemblance entre les deux.

« Si vous ne me croyez pas, faites-le analyser par un autre laboratoire. Voici les petits paquets », dit Mlle Hilde en tendant les petits paquets au juge. Il les repoussa et rentra chez lui, complètement abattu. On laissa tomber les poursuites contre Niemayer, il n'y avait pas de témoins. Niemayer quitta la ville rapidement. Six mois plus tard, Mlle Hilde démissionna. Le juge resta célibataire. L'assurance couvrit les dommages du négociant.

Dix ans plus tard, ce même juge, qui était entretemps devenu procureur, faisait un tour en Provence avec des amis. On leur avait recommandé un hôtel dans une petite ville. Ils s'y arrêtèrent. L'hôtelier, blond et robuste, n'était pas inconnu à l'ancien juge, devenu maintenant procureur. Mais il ne chercha pas davantage. Il avait vu tant de visages. Jusqu'à ce qu'à la fin du dîner la patronne apparût ; là il resta bouche bée et faillit bondir de sa chaise. La patronne lui sourit, se pencha au-dessus de lui et lui murmura d'un ton énergique :

« Monsieur le procureur, venez donc passer un moment chez nous, mon mari sera content de vous voir aussi. »

Le procureur commença par boire deux verres de médoc qui l'amadouèrent un peu. Mlle Hilde, aujourd'hui Mme Niemayer, n'était pas devenue plus jolie, mais elle était restée énergique.

« Il y a prescription, dit-elle, inutile de ressortir cette vieille histoire. Je suis heureuse et j'ai deux enfants. Mon mari est un honnête homme, je ne peux pas me plaindre. »

Elle tapa M. Niemayer sur l'épaule.

« Mais vous voulez savoir comment ça s'est passé, n'est-ce pas ? »

Le procureur hocha la tête.

« Vous étiez sorti quelques minutes de la cellule pour aller chercher du papier, de l'encre et une plume. J'ai profité de ces quelques minutes. Je lui ai dit : “Je te fais sortir si tu m'épouses, je ne veux pas rester employée toute ma vie. Nous ouvrirons un commerce avec l'argent. Mais tu te tiendras tranquille. Compris? Je t'y obligerai. Est-ce que l'argent est bien caché? Il a dit oui." Et pourquoi je lui ai dit tout ça? Parce qu'il me plaisait. Par précaution, j'ai fait deux clichés de ce qu'il avait sous ses ongles et de la poussière du raglan. Ils étaient si semblables qu'on aurait pu les confondre. Je les ai gardés jusqu'à ce que je sois sûre qu'il serait raisonnable et aussi pour le forcer à rester avec moi. Mais ça n'a pas été nécessaire, car il est lui aussi tombé amoureux.

— Mais, dit le procureur, les particules violettes que vous m'aviez montrées?

— Eh bien, dit Mlle Hilde patiemment, l'affaire pouvait aussi tourner mal, il aurait pu avoir besoin d'un alibi. J'aurais déclaré qu'il avait passé la nuit chez moi. Vous me suivez?

— Alors, les particules violettes étaient...

— Mon Dieu, dit-elle en haussant les épaules avec indulgence, j'ai un peu gratté ma robe de chambre. »

Le couple désuni

Deux employés du téléphone qui réparaient une ligne entre Baden et Turgi sur la rive de la Limmat — le soir tombait déjà, ils avaient dû faire des heures supplémentaires — aperçurent un corps qui descendait le fleuve. Ils pataugèrent et réussirent à tirer le corps d'une jeune fille sans vie jusqu'à la rive. Ses cheveux bruns coupés court collaient à la tête, le visage avait gardé une expression courroucée. Les deux travailleurs tentèrent de la ranimer en pratiquant la respiration artificielle, mais en vain ; ils renoncèrent au bout d'un quart d'heure et portèrent le corps à la ferme la plus proche. Le fermier leur désigna une remise à outils vide et ils y déposèrent le corps sur un tas de vieux sacs. Puis l'un d'eux téléphona à Baden, d'abord à un médecin qu'il connaissait, puis à la police.

Le médecin arriva une demi-heure plus tard, constata la mort de la fille. Son corps était resté environ deux heures et demie dans l'eau, il y avait des égratignures sur les poignets. Les deux policiers, qui arrivèrent à bicyclette dix minutes après le médecin, cherchèrent en vain des papiers d'identité. Le linge était marqué de deux E entrelacés.

« Le meurtre a donc été commis entre six heures et

demie et sept heures non loin d'ici, vraisemblablement au-dessous de Baden », dit l'un des deux enquêteurs.

Il était caporal et se croyait expert en criminologie. Il conclut au meurtre à cause des égratignures. Le médecin se contenta de hausser les épaules, ne voulut rien affirmer et remonta dans sa voiture.

« De toute façon, poursuivit le détective en se tournant vers le fermier qui fumait devant la porte de la petite pièce, il est trop tard pour transporter le corps ce soir. Il vaut mieux le laisser ici, si vous n'y voyez pas d'inconvénient. »

Le fermier répondit que ça lui était égal. Les deux ouvriers et les deux policiers remontèrent sur leurs bicyclettes et rentrèrent en ville.

Avant de se séparer, ils entrèrent dans une auberge pour prendre un pot. Il y avait peu de clients, dans un coin plutôt sombre était assis un jeune homme maigre d'environ vingt-trois ans avec des cheveux d'un blond pâle. Les quatre hommes parlaient à voix haute de leur découverte et l'un des ouvriers raconta une histoire de son village natal. Il y a quelques années, on avait sorti une fille de l'eau, le médecin l'avait déclarée morte. Le père ne s'était pas satisfait de cette constatation et avait essayé dix heures durant de la ranimer; il s'était couché sur le corps froid pour le réchauffer et lui avait pratiqué le bouche-à-bouche. Le lendemain, la fille était vivante et le médecin ridiculisé. L'ouvrier ajouta qu'il n'était pas là au moment où ça s'était passé, mais que l'histoire était vraie.

Le jeune homme qui était assis dans le coin avait écouté d'une oreille attentive. Il commanda deux cognacs, les avala d'un trait et émit un râle si étrange que les deux policiers se retournèrent. Le jeune homme prit peur et quitta la salle rapidement.

Le lendemain matin, une Mme Egger déclara à la police que sa fille âgée de vingt ans avait disparu depuis la veille ; elle donna une description assez précise de sa fille et se plaignit de n'avoir eu que des soucis avec elle : elle s'était entichée d'un jeune postier qui n'avait ni situation sûre, ni argent, et elle voulait l'épouser.

« Mais nous n'avons pas donné notre accord, Emma pouvait avoir un beau parti, le propriétaire... »

A ce moment-là, le commissaire — il était petit et gros — l'interrompit, la regarda d'un air offensé avec ses yeux bleus et lui demanda si les vêtements de sa fille étaient marqués de deux E entrelacés. Mme Egger opina du chef. On lui dit qu'elle avait eu raison de venir tout de suite. Sa fille était vraisemblablement morte la veille, on avait sorti un corps de la Limmat, dans les environs de Turgi. La femme se moucha bruyamment et affirma qu'elle voulait être courageuse. Mais ce gredin de Schütz avait la mort de sa fille sur la conscience et il faudrait éclaircir cette affaire.

« Donc l'employé des postes s'appelle Schütz, se dit avec tristesse le commissaire Studer. Nous nous occuperons de lui plus tard. »

Vers neuf heures du matin, deux voitures s'arrêtèrent devant la ferme. La deuxième était une ambulance. Le détective, tout fier de son rôle, voulut conduire le commissaire Studer à la remise à outils, mais le fermier leur barra l'accès et leur dit d'un ton sec que le corps avait disparu pendant la nuit. Studer ne dit rien, mais Mme Egger, qui s'était approchée doucement, commença à invectiver la police, les médecins ; elle s'arrêta soudain quand le petit Studer la regarda de ses yeux tristes et désespérés.

« Peut-être s'est-elle réveillée et est-elle rentrée à la

maison ? » demanda-t-il en s'essuyant la bouche avec un grand mouchoir rouge. Comme les Egger avaient le téléphone, on appela chez eux. Emma n'avait pas réapparu.

« Il ne nous reste plus que l'employé des postes Schütz, dit Studer en soupirant. Vous allez rester ici, madame Egger, jusqu'à ce que nous en sachions davantage. »

Il fit signe au détective et ils rentrèrent à Baden.

Le commissaire n'aimait pas les grandes opérations de police. Il alla au bureau de poste et demanda Schütz. Un jeune homme déclara être le dénommé Schütz et se leva.

« Nous aimerions vous parler un instant », dit Studer gentiment. Le fonctionnaire lui répondit qu'il ne pouvait pas quitter son poste.

« Vous pourriez peut-être nous dire où vous étiez hier soir ? » dit Studer en évitant de le regarder. Schütz balbutia :

« Je... je... ne l'ai pas tuée...

— Personne n'a encore parlé de meurtre, dit Studer doucement, mais comme vous avez vous-même commencé à en parler, ce sera plus facile, vous venez avec nous, nous devons tirer tout ceci au clair. »

Pendant que Schütz quittait sa place, le détective chuchota quelque chose à l'oreille du commissaire :

« Il était à l'auberge hier soir et a entendu l'ouvrier raconter l'histoire de la fille ressuscitée.

— Bien sûr qu'il était là », dit Studer.

Ils montèrent à trois dans la voiture. Studer ne répondit pas aux protestations d'innocence de l'employé des postes. La journée était chaude. Studer tourna dans une petite rue qui menait au fleuve. Les trois hommes descendirent sur la rive, il n'y avait pas grand-chose à voir, une petite langue de terre plantée d'arbustes s'avançait dans l'eau pleine de reflets.

« Joli coin pour un dernier rendez-vous », dit Studer sans regarder le jeune homme. Celui-ci se taisait.

Ils arrivèrent à la ferme. Deux policiers avaient fouillé la région, mais n'avaient rien trouvé. Mme Egger n'était pas bien, elle se reposait à la ferme. Le postier en fut soulagé. Mais il dut s'appuyer à la balustrade quand Studer lui dit sans le regarder :

« Vous ne voulez pas nous montrer l'endroit où vous avez traîné le corps ?

— Mais je ne l'ai pas tuée. »

L'homme sanglotait et les larmes lui coulaient sur les joues.

« Bien sûr que non, dit Studer. Vous avez seulement été lâche. Mais maintenant, rendez-vous utile, allez avec lui. »

Le détective avait la bouche ouverte, il fit signe à un collègue. Schütz traversa en titubant le champ en compagnie des deux hommes. On entendit longtemps ses sanglots.

« Minable... »

Et Studer se tourna vers le médecin légiste qui était à côté de lui.

« Un gars comme lui, tuer une fille ! Je préfère un vrai meurtre. Toute cette histoire est écœurante. »

Studer s'essuya les lèvres.

« Une fille romantique qui se monte la tête. "Toi ou personne !" lui a-t-elle vraisemblablement dit tout en se plaignant de la cruauté de ses parents. Dernier au revoir, dernières étreintes : "Nous nous jetons ensemble à l'eau !" Il approuve et la regarde couler. Mais il n'a pas le courage de la suivre, il va boire dans une auberge pour oublier. Là, il entend l'ouvrier raconter sa folle histoire. Il va chercher le corps, le traîne jusqu'à la forêt, et je veux bien croire qu'il a essayé... mais on ne peut rien prouver. Il a peut-être simplement eu peur qu'elle ne se réveille. Et alors ? Il passera pour un lâche. Docteur, je suis sincère, je préfère un vrai meurtre, que peut-on faire avec des gens comme lui ? Leur redonner leur liberté pour qu'ils rendent une autre fille malheureuse ? Dieu soit loué, ce genre de cas est peu fréquent. »

Malchance

... C'est la faute des circonstances, monsieur le juge, seules les circonstances... J'ai eu la poisse, une poisse noire. Je ne suis pas de ceux qui transgressent les lois, et pourtant... Que voulez-vous, on est parfois dans des situations où on perd le contrôle de soi-même, et alors... Mais je dois m'expliquer plus clairement, peut-être me serez-vous reconnaissant d'avoir éliminé un cas désespéré. Je sais, en justice, on n'aime pas les affaires qu'on doit classer...

Je suis garde-barrière, monsieur le juge, et en tant que tel, je dois surveiller le passage de la voie, abaisser la barrière, me mettre devant ma maison avec un drapeau rouge à la main et laisser défiler les trains devant moi ; j'ai déjà vingt ans de service. Ma maison est isolée sur la voie, je vois les rapides, les trains de voyageurs... Ma femme a quarante ans, nous avons une fille, elle s'appelle Anna, elle est fiancée...

C'était il y a trois semaines, un jeudi, que j'ai vu l'homme pour la première fois. Il portait un costume ordinaire, gris, il était à la lisière de la forêt et regardait en direction de ma maison. J'ai nettement remarqué ses lunettes d'écaille, il les ôtait de temps en temps, puis les remettait. Il mettait aussi sa main devant son front... Je me suis demandé ce qu'il voulait. A ce moment-là, je ne savais rien de l'affaire. Les journaux arrivent toujours en retard. Ma maison est isolée et le journal que je reçois ne paraît que deux fois par semaine. Je l'ai donc vu pour la première fois un jeudi, j'ai tout de suite compris ce qu'il voulait...

Je dois m'efforcer d'être plus clair ? C'est difficile. Parler, vous savez... Avant, c'était différent, je dirigeais la chorale masculine et j'ai eu à faire des allocutions de bienvenue. Mais il y a longtemps de cela. Et une allocution de bienvenue n'est pas aussi difficile à faire que la description...

A midi, le rapide qui vient de Paris passe devant ma maisonnette. Ce jeudi-là, un portefeuille est tombé à mes pieds. J'ai regardé dans le train, une fenêtre de première classe était ouverte, un homme avec des lunettes d'écaille était penché au-dehors... Tout alla si vite que je n'ai pas pu en voir davantage. Mais j'ai nettement vu les lunettes d'écaille, c'est pourquoi je ne me suis pas étonné de le revoir le soir, en bordure de la forêt, ôter et remettre ses lunettes et regarder en direction de ma maison... Il cherche son portefeuille, me suis-je dit, mais pourquoi ne s'approche-t-il pas ? A-t-il mauvaise conscience ? Et pourquoi ? Il est tout de même étrange qu'il jette un portefeuille bien rempli par la fenêtre... car il y avait beaucoup d'argent dans le portefeuille, je n'en ai pas encore parlé, je crois, il y avait... Mais vous le savez déjà, c'était dans tous les journaux quand il a été question du meurtre du train... Quand on a parlé de l'homme qu'on a retrouvé étranglé dans un compartiment de première classe...

Ce jeudi-là, l'homme aux lunettes d'écaille n'est pas venu me voir. Il est resté environ un quart d'heure en bordure de forêt avant de disparaître. Je n'ai montré ma découverte à personne, pas même à ma femme et à ma fille. Les femmes font beaucoup de tapage quand quelque chose d'inhabituel survient. J'ai caché le portefeuille, j'ai une vieille malle où je mets mes papiers, des souvenirs et des lettres d'autrefois, j'ai toujours la clef sur moi... Le lendemain soir, l'homme était de nouveau à la lisière de la forêt.

C'était vendredi. Il s'est approché : « Bonsoir, comment allez-vous ? » Un accent étranger, une allure étrangère. Très pâle, fatigué, le costume froissé. Je pensais qu'il avait dormi dans la forêt, c'est l'été et les nuits sont chaudes. Mais pourquoi a-t-il dû passer la nuit dans la forêt ? Il n'avait pas du tout l'air d'un vagabond... « Bonsoir », dis-je à mon tour. « Vous n'auriez pas par hasard trouvé... dit l'homme en rajustant ses lunettes, vous n'auriez pas trouvé quelque chose par hasard ? » J'aurais pu le rassurer. Mais je me suis contenté de dire : « Trouvé ? » et je me suis tu. L'homme m'a regardé, ses yeux étaient tristes, en fait j'avais pitié de lui. Il avait la tête d'un malchanceux... A part cela, il ne s'est rien passé ce soir-là. Ma femme est allée se coucher à dix heures, ma fille est sortie avec son fiancé et n'est rentrée qu'à une heure.

En l'attendant, j'ai compté l'argent... Beaucoup d'argent, monsieur le juge, des billets de banque, pas des gros billets, faciles à écouler. J'aurais pu acheter une maison...

Le lendemain, le journal est arrivé. « Crime crapuleux dans le rapide de Paris... L'auteur du crime a pris la fuite... Il s'agit d'un jeune homme, vraisemblablement le neveu de la victime, qui lui a dérobé un portefeuille contenant une grosse somme d'argent... renseignements utiles... et ainsi de suite... » Vous connaissez la formule...

Bien sûr, monsieur le juge, j'aurais dû me faire connaître. Mais fait-on toujours ce que l'on doit faire ? L'homme m'a fait pitié, il avait l'air si triste, comme quelqu'un qui n'a jamais eu de chance, peut-être n'avait-il pas voulu tuer son oncle ? Que sais-je ? Il y a des querelles de famille, n'est-ce pas ?... Et il n'a pas pris le portefeuille, puisqu'il est passé par la fenêtre...

Le soir, il est revenu. « Vous devez vous cacher, lui ai-je dit, la police vous recherche. Plus tard, vous devrez aller à l'étranger. Si vous voulez, je vous cacherai, j'ai une cabane dans la forêt, personne n'y vient, je vous y apporterai à manger... » Je lui ai dit tout cela, que voulez-vous, je sais ce que c'est que d'être malchanceux... Moi aussi j'ai cru que je pourrais faire quelque chose de mieux, je suis allé au lycée, mais mon père est mort et je suis rentré dans les chemins de fer. J'ai tout oublié maintenant... L'homme aux lunettes d'écaille me regarda méchamment. « Donnez-moi l'argent ! » a-t-il dit. « Soyez patient », ai-je répondu et je me suis mis doucement en colère. Pour qui se prend-il, ce criminel ? Je n'ai pas l'intention de lui soustraire son argent, que pense-t-il ? J'ai dit tranquillement : « Si je vous donnais l'argent, vous essayeriez de fuir et vous seriez arrêté. La police vous recherche. L'argent est plus en sécurité chez moi. Nous en parlerons chez moi. Venez avec moi avant que ma femme ne vous voie. Elle aime bien bavarder, ma femme... » A ce moment-là, je l'ai senti faiblir. Il a seulement dit : « Bien » et s'est laissé conduire à la cabane. Il y a là un grand chêne, ses feuilles épaisses laissent filtrer la lumière... Oui, l'argent et la maison ! Monsieur le juge, j'ai toujours rêvé d'élever des chiens de race... Savez-vous à quel point un tel rêve peut être tenace ? Vous ne le savez sûrement pas... Je lui ai apporté ses repas pendant quinze jours. Il m'a raconté que son oncle l'avait volé ; la victime était le frère de son père, son tuteur... Ils se sont disputés dans le train, il ne voulait pas le tuer, il ne voulait pas devenir un assassin, l'homme aux lunettes d'écaille, le malchanceux... Au dernier moment, son oncle a jeté le portefeuille par la fenêtre. Avant-hier, mon protégé s'est mis en colère, il voulait son argent, il pensait qu'il pouvait s'enfuir... Et tous les soirs, quand les femmes étaient couchées, je comptais l'argent... Beaucoup d'argent, monsieur le juge... C'était de la légitime défense, vraiment de la légitime défense. Il a voulu me sauter à la gorge, le malchanceux. Mais je suis plus fort. Il y est passé... Maintenant, il est pendu à une grosse branche du chêne, le chêne dont les feuilles laissent si bien filtrer la lumière... et voici le portefeuille... Que voulez-vous, monsieur le juge, c'était la malchance, la guigne...

Le roi Sucre

Ce fut, dès le début, l'affaire ennuyeuse par excellence, ainsi que le commissaire Kreibig le constata tout de suite quand il fut sur les lieux. Milieu de trafiquants. L'homme, allongé par terre avec à la poitrine une blessure qui lui avait causé l'hémorragie dont il était mort, s'appelait Jakob Kussmaul, il était, d'après son passeport, originaire de Riga, mais peut-être ne s'appelait-il pas Kussmaul, peut-être venait-il de Bucarest, avec ces gens-là, on n'est jamais sûr...

Le commissaire Kreibig soupira. La guerre était finie depuis quatre ans. Vienne mourait de faim et tout le monde trafiquait. Kreibig pensa en soupirant qu'il serait probablement devenu conseiller à la cour si la vieille monarchie avait subsisté, mais... Et voilà que ce Jakob Kussmaul qui s'appelait peut-être tout autrement était là, couché par terre, avec sa chemise de soie rose déchirée sur le côté gauche de la poitrine et une grosse tache de sang qui avait rendu rigide et brunâtre le tissu soyeux.

Le mort était allongé à côté d'une table sur laquelle se trouvait encore un échiquier avec des pièces d'échecs. Une partie commencée. A côté de l'échiquier, deux tasses de café noir à demi pleines, et à côté (quel luxe !) deux coupelles en argent pour le sucre ; sur l'une d'elles, un de ces petits paquets carrés dans lesquels sont emballés trois morceaux de sucre, l'autre était vide.

Sur le sol, il y avait Jakob Kussmaul qui tenait dans la main droite le roi noir du jeu et, dans la gauche, un petit paquet de sucre, vraisemblablement celui qui manquait sur le plateau vide.

« Combien de temps a-t-il vécu après ? demanda le commissaire Kreibig au médecin légiste.

— Oh, deux ou trois minutes, je crois...

— Etait-il encore conscient ?

— Je crois, je crois. C'est quelqu'un qui avait la vie dure, vous pouvez me croire, monsieur le conseiller.

— Et vous pensez que ce qu'il tient à la main a de l'importance ?

— C'est possible... mais quoi ? Un roi noir et trois morceaux de sucre ?... Qu'est-ce que cela signifie ?... Vous y comprenez quelque chose, monsieur le conseiller ?

— Peut-être... » dit le commissaire, flatté par le « monsieur le conseiller » du médecin. « Peut-être la victime a-t-elle voulu nous donner un indice, un indice, comprenez-vous, docteur ? pour que nous puissions parvenir à trouver le meurtrier. Car ce sucre signifie bien quelque chose...

— Et la pièce d'échecs... » osa timidement le policier Hochroitzpointner qui avait une misérable petite moustache rouquine et un front ridé.

« Oui, dit le commissaire, le roi noir... je connais un roi Haber, je connais un roi Lear et les rois de Shakespeare, qui s'appellent tous Henri et Richard, et aussi le roi Ottokar, mais un roi Sucre. Un roi Sucre... » répéta-t-il en secouant la tête.

Il regarda la chambre. Une chambre d'hôtel comme toutes les autres. Sur le sol, un tapis tricoté, sur les murs un papier vert passé, à l'exception d'un rectangle au-dessus du lit où était autrefois sûrement accroché un portrait de l'empereur. La fenêtre donnait sur une cour intérieure, il y avait une lumière trouble dans la pièce, il pleuvait et le soir tombait.

Le docteur prit congé, le commissaire Kreibig étudia longtemps la partie d'échecs commencée en secouant la tête de temps à autre. L'inspecteur Hochroitzpointner ne bougeait pas, mais finit par murmurer :

« Dois-je appeler le garçon ? »

Kreibig acquiesça. Il regardait le mort. Il n'avait pas l'air sympathique. Un triple menton, une peau blanche, un front bas et des lèvres retroussées. Rien à voir avec la célèbre « majesté de la mort ».

Kreibig se détourna du mort et se dirigea vers la deuxième table de la pièce, une table carrée placée à côté de la fenêtre. Il y avait des papiers, des factures, des bordereaux, des lettres d'affaires : « Conformément à votre commande du quinze courant, nous avons l'honneur de vous proposer... »

Un portefeuille, usé, plein à craquer. Kreibig l'ouvrit : des livres turques, des francs suisses, des dollars, des livres anglaises, deux chèques. Kreibig compta l'argent, soupira en pensant au salaire qui lui était versé en monnaie douée d'inflation, remit consciencieusement les billets et aperçut soudain un morceau de papier chiffonné. Il l'approcha de la lumière. Derrière lui, le policier Hochroitzpointner se déplaçait sur ses semelles de caoutchouc.

Le morceau de papier était tiré d'un journal français ; il y avait, d'un côté, les prévisions d'un astrologue, mais l'annonce était incomplète, elle était découpée au milieu et il manquait toute la deuxième partie ; de l'autre côté, un article souligné en rouge :

« Le traitement rationnel du diabète par le Pr Durand[1]. »

Apparemment, la publication d'un livre sur le traitement du diabète. Les yeux de Kreibig allaient du morceau de journal à la table. Diabète ?... Sucre ?...

Deux personnes avaient joué aux échecs en buvant du café et toutes les deux avaient bu leur café sucré... L'un d'eux, sûrement le meurtrier, avait laissé son sucre sur la coupelle d'argent, mais Kussmaul avait eu le temps de saisir le petit paquet de la main gauche... pendant que la droite... mais ça s'est passé plus tard... La main gauche avait donc pris le sucre, le meurtrier s'était levé et s'était éloigné tranquillement par la porte, puis Kussmaul s'était effondré par terre. Il était mort dans une bien curieuse position. Il avait les deux avant-bras en l'air. La main gauche tenait un petit paquet de sucre, la droite un roi d'échecs...

Le garçon d'étage Pospischil Ottokar, marié, habitait au 45 de la rue Mariahilfer et ne semblait pas avoir une estime exagérée pour la victime. Il déclara qu'il buvait des nuits entières avec des copains et des femmes... mais il ne tenait pas à en parler. Kussmaul était tombé malade, du diabète, il n'avait plus droit aux féculents, il avait consulté un spécialiste qui lui avait un jour rendu visite, un monsieur distingué portant chapeau melon et guêtres blanches, mais il ne put se souvenir de son nom.

« Oui, monsieur le conseiller, dit Pospischil qui avait l'air de mourir de faim, ne vous occupez pas de cette affaire, car cet homme avait des relations, je vous

1. En français dans le texte. *(N.d.T.)*

le dis, un colonel de la délégation américaine lui a rendu visite, ils ont parlé anglais, il avait des visites toute la journée, des Turcs, des Russes, des Argentins venaient le voir — et aussi de la racaille. Si vous voulez mon avis, monsieur le conseiller, l'homme avait une existence bien morne...

— Oui, dit le commissaire en passant sa main dans ses cheveux blancs soyeux, oui, mon cher Pospischil, c'est ce que j'ai tout de suite pensé, n'est-ce pas, Hochroitzpointner ? Je l'ai dit depuis le début, une affaire ennuyeuse. »

Hochroitzpointner se contenta de hocher la tête en silence.

« Vous pouvez partir, Pospischil... ou plutôt non, attendez encore. On a expliqué le sucre, Hochroitzpointner, vous voyez cet extrait de journal. "Le traitement du diabète" par un professeur français nommé Durand. Il est connu que les diabétiques ont envie de sucre justement parce que le sucre leur est interdit et Kussmaul, en voyant qu'il allait mourir, a attrapé du sucre comme pour satisfaire un dernier désir, n'est-ce pas ? Qu'en pensez-vous, Hochroitzpointner ? »

Hochroitzpointner ne répondit rien. Il avait les mains à la hauteur des épaules, ce qui lui donnait l'air d'un chien mendiant. Le commissaire Kreibig détestait ce genre d'attitude.

« Répondez donc quand on vous pose une question » grogna-t-il. L'inspecteur Hochroitzpointner ne répondit rien, mais il posa une question au garçon d'étage :

« Avec qui ce monsieur jouait-il aux échecs ?

— ... Euh... il disait que Swift était le seul qui jouait bien. Les autres n'étaient que des petits morveux...

— Et ce M. Swift était là cet après-midi ?

— Oui, il est arrivé à neuf heures et demie, Kussmaul... euh... la victime a sonné pour demander deux cafés au lait...

— Deux cafés au lait ? Mais où est le lait ?

— Nous n'en avons plus, c'est pourquoi j'ai apporté deux petits noirs... M. Kussmaul m'a grondé parce que j'avais apporté du sucre, alors que je savais qu'il ne devait pas en prendre, et que l'autre monsieur, M. Swift, n'y avait pas droit non plus, il est aussi diabétique...

— Tiens, tiens... » dit l'inspecteur Hochroitzpointner, et il disparut.

« Vous pouvez partir, Pospischil, dit le commissaire. Une dernière question, avez-vous vu repartir Swift ?

— Oui, monsieur le conseiller, à quatre heures moins le quart, je suis allé le chercher parce qu'on le demandait au téléphone.

— Et à ce moment-là, Kussmaul vivait encore ?

— Je ne sais pas, sur mon honneur, monsieur le conseiller, je ne sais vraiment pas. J'ai frappé et j'ai dit : “Téléphone pour monsieur Swift.” Une voix a répondu : “Oui”, la porte s'est ouverte et je suis reparti, car voyez-vous, monsieur le conseiller, Kussmaul n'aimait pas que je rentre dans la chambre, une fois il m'a...

— Cela ne m'intéresse pas, Pospischil.

— Il m'a jeté une bouteille vide à la tête... Oui, donc M. Swift est venu avec moi jusqu'au téléphone, il a parlé en anglais, je n'ai rien compris et ensuite, il est parti. Il m'a demandé de dire à Kussmaul qu'il ne pouvait pas terminer la partie... Mais je m'étais mis en retard, j'avais à faire, d'autres clients avaient sonné, oh, mon Dieu ! monsieur le conseiller, on ne sait pas comme il est difficile pour nous de courir toute la journée pour le petit pourboire qu'ils nous donnent, ils sont avares, les trafiquants...

— D'accord, Pospischil, et quand êtes-vous entré dans la chambre ?

— A quatre heures et demie, monsieur le conseiller, et Kussmaul était... euh, la victime, personne ne sait au juste s'il s'appelait vraiment Kussmaul, un jour quelqu'un l'a appelé par un autre nom, il était là par terre, et j'ai appelé la police...

— Votre prénom est bien Ottokar, Pospischil ?

— Exact, monsieur le conseiller, Ottokar comme mon grand-père...

— Grandeur et décadence du roi Ottokar... murmura le commissaire Kreibig.

— Plaît-il, monsieur le conseiller ?

— Rien, Pospischil, c'est le titre d'une pièce du Viennois Grillparzer[1], mais vous ne le connaissez pas...

— Non, monsieur le conseiller, nous n'avons jamais eu de client de ce nom dans notre maison.

— Avez-vous un couteau, Pospischil ? »

... Le roi noir... le roi Ottokar... mais alors, que venait faire le sucre là-dedans ?... mais Swift était diabétique, Hochroitzpointner avait peut-être raison, mais Swift, Swift... il n'a pas écrit de drames sur les rois, seulement ces histoires sur les géants... Gulliver ? Oui, Gulliver... Les pensées de Kreibig s'enchevêtraient.

« Vous avez un couteau, Pospischil ? demanda-t-il encore une fois, en voyant que le garçon ne répondait pas.

— Oh, seulement un couteau de poche, dit Pospis-

1. *König Ottokars Glück und Ende* (1825), drame historique de Franz Grillparzer (1791-1872). *(N.d.T.)*

chil avec un sourire gêné qui laissait voir ses dents cariées.

— Montrez-le-moi !

— Tout de suite... »

De son pantalon noir brillant, Pospischil sortit un couteau long comme le petit doigt. Kreibig le regarda avant de l'ouvrir : il était ébréché et rouillé ; il haussa les épaules.

« Vous pouvez partir, Pospischil.

— A votre service, monsieur le conseiller. »

Et Pospischil disparut sans faire plus de bruit que le détective Hochroitzpointner.

Kreibig prit une chaise, la posa à côté de la petite table ronde sur laquelle se trouvait la partie d'échecs commencée, posa le menton sur ses mains et vérifia la position des pièces.

M. Swift avait les blancs. Il semblait aimer les vieilles façons de jouer qui avaient fait leurs preuves. Kreibig était un bon théoricien des échecs. Les blancs avaient donc joué gambit du roi, les noirs avaient accepté, combien de coups les deux joueurs avaient-ils faits ? Au plus dix. Les blancs avaient sacrifié un cavalier et avaient donc essayé de jouer le vieux gambit de Kieseritzky, mais les noirs semblaient connaître la parade. Qui avait donc trouvé la parade contre cette attaque qui était autrefois considérée comme une bonne attaque ? C'était un homme, comment s'appelait-il donc ? Süßkind[1] ? Non. Schokoladentorte[2] ? Sottises ! Un maître d'échecs du siècle passé. Voyons. Andersen ? Non. Morphy ? Non. Pilger ? C'était un théoricien...

1. *Süß* signifie sucré. *(N.d.T.)*
2. *Schokoladentorte* signifie tarte au chocolat. *(N.d.T.)*

Kreibig renonça... Il regarda le mort. Dans une main, le roi noir, dans l'autre, trois morceaux de sucre... Lequel des deux était le plus important, le sucre ou le roi ? Hochroitzpointner avait-il bien fait d'aller chercher l'Anglais Swift pour l'arrêter ? Swift qui était aussi diabétique ? Le commissaire Kreibig qui, sous la monarchie, serait sûrement devenu conseiller à la cour — il avait d'ailleurs l'air d'un conseiller, pas étonnant que les gens l'appellent comme ça... Mon Dieu ! Même en République ! —, le commissaire Kreibig, donc, réfléchissait : Kussmaul, ta mort est l'affaire la plus triste et la plus ingrate qui soit, cependant tu sembles avoir éprouvé le besoin de nous poser un petit rébus. Je devrais t'en être reconnaissant. Mon Dieu, la vie est bien assez monotone. Quel intérêt y a-t-il à chercher ton assassin ? Kussmaul, personne ne te regrettera, pas même tes copains. Tu n'as pas fait grand-chose de bien dans ta vie, on le lit sur ton visage, tu as trompé des gens, séduit des femmes. Je parierais que tu es un maître chanteur, un vautour, Kussmaul, et pourtant, je dois rechercher ton assassin. Que veux-tu, le devoir, c'est le devoir, nous y sommes habitués. Et si je ne trouve pas ta petite devinette avec le « roi Sucre », peut-être tu te moqueras de moi de cet endroit où tu erres comme tu le faisais ici-bas...

Le crépuscule s'était fait plus dense. Kreibig se leva d'un bond et alluma la lumière. Le mort dressait toujours ses poings à demi fermés vers le plafond...

... Qui a donc trouvé une parade au gambit de Kieseritzky ?...

Kreibig se pencha à nouveau au-dessus du mort, ouvrit la chemise que le médecin légiste avait refermée. La blessure était petite, propre, sans bavure avec des contours bien nets...

... Comme si elle avait été faite avec une aiguille, se dit Kreibig, il alla à la porte, la ferma du dehors et descendit l'escalier.

« A quoi ressemble ce M. Swift ? demanda-t-il au portier.

— M. Swift ? Il est petit, vieux et tremble des genoux et des mains...

— Tiens, tiens », dit Kreibig en mettant ses gants en chevreau glacé plutôt usés.

Au bureau, il se fit apporter un répertoire de tous les médecins spécialistes de Vienne. Il passa les noms en revue. Soudain, arrivé presque à la fin de la liste, il bondit et se tapa le front de la paume droite. « Mais c'est bien sûr ! dit-il. Bien entendu ! Le jeu royal ! Le roi du jeu ! Le maître ! Le maître d'échecs ! Le maître du sucre ! » et il continua à se frapper le front jusqu'à ce que Hochroitzpointner ouvre doucement la porte, jette un regard effrayé dans la pièce et dise doucement :

« Je croyais que monsieur le conseiller avait son fils avec lui et qu'il lui donnait des claques.

— Et Swift, cher Hochroitzpointner ? demanda Kreibig.

— Swift est une sorte de courrier à l'ambassade britannique. Il est parti en voiture. J'ai demandé à ce qu'on avertisse les postes frontières...

— Inutile, inutile, mais prenez donc une cigarette, cher Hochroitzpointner... »

Le geste était noble, car une simple Drama coûtait à l'époque...

***

« Est-ce que je peux parler à monsieur le professeur ? demanda Kreibig.

— Je crois... répondit le serviteur.

— C'est pour une affaire importante : commissaire Kreibig, annoncez-moi seulement. »

Le professeur portait une redingote noire et une veste blanche. Il était nerveux. Il dit ce qu'on dit toujours dans ce genre de situation :

« Et que me vaut le plaisir ?

— Monsieur le professeur, demanda le commissaire Kreibig, pourquoi avez-vous poignardé cette crapule ?

— Crapule ? Poignardé ? demanda le professeur.

— N'ayez pas peur, monsieur le professeur, dit Kreibig gentiment. Il ne vous arrivera rien. Il y a d'autres gens qui sont contents que Kussmaul soit mort. C'est plutôt une question de triomphe personnel, car le mort m'a donné une énigme à résoudre et j'y suis parvenu. Il m'a en effet indiqué très clairement le nom de son assassin.

— Ah bon ! Comment ça ?

— Un carré de sucre dans une main, un roi d'échecs dans une autre.

— Et alors ?

— Et les noirs ont trouvé la parade du gambit de Kieseritzky.

— Pardonnez-moi, monsieur le commissaire, mais je n'ai vraiment pas le temps...

— Vous êtes bien le professeur Zuckertort[1], spécialiste du diabète...

— Oui, et alors ?...

— Vous avez eu au siècle dernier un homonyme qui était un joueur d'échecs célèbre. Vous admettrez que feu Kussmaul n'aurait pas pu indiquer le nom d'une meilleure façon. Le roi, le maître dont le nom

1. *Zuckertorte* signifie tarte au sucre. *(N.d.T.)*

commence par Zucker[1]... Et maintenant, dites-moi pourquoi vous l'avez tué. Je n'ai pas de mandat d'arrêt, je suis sûr que vous étiez dans votre droit, l'affaire sera classée. Mais accordez-moi un triomphe personnel.

— Pourquoi j'ai tué ce salaud ? Pourquoi ? »

Son visage s'enflamma.

« Parce que ce saligaud m'a livré de l'eau du robinet à la place d'insuline et que deux malades gravement atteints ont failli mourir de septicémie.

— C'était donc ça, dit le commissaire Kreibig, de l'eau du robinet à la place d'insuline... » et il se retira.

L'insuline est, en effet, le seul remède efficace dans à peu près tous les cas graves de diabète.

Kreibig s'arrêta un instant devant la plaque du médecin et lut tout bas :

Pr Régis Zuckertort
Spécialiste des maladies du métabolisme.

« *Regis,* génitif de *rex,* et j'ai appris au lycée que *rex* voulait dire roi. C'en est vraiment trop. »

Le commissaire Kreibig remit ses gants en chevreau glacé usés, secoua la tête, sortit dans la rue et ouvrit son parapluie. Il pleuvait un peu. Il se fondit dans la cohue, tandis qu'à une fenêtre du premier étage, un monsieur en blouse blanche qui le regardait trouvait, peut-être pour la première fois dans sa longue carrière médicale, utile de réfléchir à un problème psychologique.

1. *Zucker* signifie sucre. *(N.d.T.)*

Plainte à un mort

Cinq minutes sont passées et personne n'est venu. Personne n'a donc entendu le coup de feu dans la maison. Je peux donc rester encore une demi-heure près de toi et te parler. Tu ne m'entends plus et c'est mieux ainsi. Tiens, je vais fermer ta veste de pyjama, comme ça je ne serai pas obligée de voir le petit trou sombre. Ça n'a presque pas saigné. Je vais te laisser le Browning qui ressemble à un jouet dans la main. Comment as-tu réussi à me le prendre ? Tu as toujours été habile.

Demain, ils te trouveront et moi, je serai déjà loin. Personne ne m'a vue venir, j'ai fait très attention et personne ne me verra sortir de la maison. Demain... demain, je me marierai. C'est un gentil garçon et il m'aime. J'aurai un foyer et des enfants et j'oublierai les six années que j'ai perdues avec toi. Tu sais, six années, c'est long pour une femme. J'ai déjà vingt-neuf ans et ce que j'ai souffert avec toi ! Tu n'es vraiment pas quelqu'un avec qui on peut mener grand train, tu n'es pas un homme dont une femme peut être fière. Tu n'as pas besoin de sourire avec cette bassesse. Au fait, as-tu brûlé mes lettres ? Désordonné comme tu l'es...

Tu étais si honnête... Mais qu'est-ce que c'est que ça ? As-tu écrit cela ce soir ? Tu savais donc...

« J'en ai assez. Je tire un trait. Je ne possède rien, un testament n'est donc pas nécessaire. » C'est signé de ta main. Bref et percutant, pas de très bon goût. Pourquoi pas quelques mots tristes ? Ça aurait fait si bien dans le journal. On lira seulement, en tout petit, dans la rubrique « Crimes et accidents » : « Un certain N. N. s'est tué hier dans son appartement. La détresse aura probablement été le mobile de ce geste regrettable. » Point final. Tandis qu'on pourra lire dans le « Carnet mondain » : « La célèbre violoniste X. Y. a épousé aujourd'hui M. le directeur Untel. La cérémonie a eu lieu, etc. » Oui, ce sera ainsi, parce que de nos jours, tout doit figurer dans le journal et personne ne saura que nous avons passé six années ensemble. Car personne ne te connaît, j'ai toujours été très prudente... C'est moi qui t'ai loué ce studio, tu as vécu de mon argent pendant six ans. Pas tout à fait. Au début, tu gagnais un peu d'argent et tu m'as aidée quand ça allait mal pour moi. Mais après... Pour être juste, je dois dire que je t'ai toujours aidé de mon plein gré, tu ne m'as jamais rien réclamé. Mais que tu étais paresseux ! Mon Dieu ! Tu voulais toujours dormir, et quand tu voulais dormir, je n'avais même pas le droit de travailler. A quoi servent des gens comme toi ? Pourquoi sont-ils venus au monde ? Existences déchues, inutiles ; là, les gens honnêtes que tu appelais toujours petits-bourgeois ont raison. Qu'as-tu fait dans ta vie ? Quelques mauvais poèmes, quelques critiques immatures comme toi... c'est bien fait pour toi, ce qui t'est arrivé... et ne crois pas que je te regretterai, toi... toi... un parasite...

Les hommes, les vrais, ceux qui sont en plein dans

la vie, ils haussaient les épaules quand on parlait de toi. Et tu les évitais. Naturellement, tu avais peur d'eux. Tu étais lâche. Tu ne te sentais bien qu'avec les animaux, les enfants et les vieilles femmes. Te souviens-tu encore de ce qui s'est passé il y a six ans ? J'avais un chien. Il m'était très fidèle, il me suivait partout, mais à peine étais-tu rentré qu'il ne voulait plus être qu'avec toi, je ne comptais plus. L'avais-tu ensorcelé ? Avec tes mains ? Tu as des mains si étranges, toujours chaudes et sèches. J'aimais beaucoup tes mains. Maintenant, elles sont froides, désormais elles ne caresseront plus personne, elles ne tapoteront plus jamais le cou d'un cheval, te souviens-tu du cheval de notre laitier ? Il te connaissait, il tournait toujours la tête quand tu passais... Alors tu sortais les mains de tes poches, tu le prenais par la crinière et tu lui parlais mieux qu'à un être humain. Tu n'as jamais su parler aux êtres humains, sauf à moi. Et tu disais même parfois des choses très sensées. Tu t'y connaissais en musique, je dois avouer que je n'aurais jamais joué le *Concerto pour violon* de Mozart comme je l'ai joué si tu ne me l'avais pas expliqué ; tu m'en as donné la clef : « Une danse macabre, disais-tu, tu dois le jouer comme une danse macabre joyeuse. La mort est gaie, tu ne sais pas cela ? »

Je me suis donné de la peine et les critiques ont parlé d'interprétation très personnelle. Ces imbéciles.

Oui, c'est comme ça que j'appelais les critiques à ce moment-là. Et qu'as-tu répondu ? Tu as dit : « Ah ! Ce ne sont que de pauvres chiens. Pourquoi s'énerver contre ces gens-là ? » Pour toi, tous les gens étaient des pauvres chiens. Un moyen confortable de te sentir supérieur. Car de quoi aurais-tu pu tirer vanité ? De rien. Tu étais une nullité... Une nullité ? Pas tout à fait.

Tu savais des tas de choses. Te souviens-tu, au début, je t'appelais toujours « l'encyclopédie ambulante ». Les livres t'ont perverti. Que savais-tu de la vie ? Tu esquivais toutes les difficultés, tous les combats. Nous ne nous sommes jamais disputés. Jusqu'à ce soir, là tu m'as cherché querelle pour des raisons futiles, tu as été odieux jusqu'à ce que j'attrape le petit pistolet, le coup est parti et tu es tombé sur le lit. Et quand je me suis penchée au-dessus de toi, tu m'as pris doucement l'arme des mains, tu as souri et ton sourire est resté sur ton visage. Est-ce que tout était préparé ? Etait-ce ton cadeau de mariage ? Ta mort. Pour que j'aie la paix ? Réponds donc ! Ne t'obstine pas à te taire. Je vais te fermer les yeux...

Tu avais les pieds bien faits. Je disais toujours que tes pieds étaient bien faits. De vrais pieds d'enfant, dans leur expression, je veux dire. Car des pieds nus peuvent avoir une expression. Et tu avais un joli dos. J'aimais bien le caresser. Il faisait chaud auprès de toi et j'avais toujours si froid. Tu étais un bon poêle...

Maintenant, j'ai presque envie de rire et pourtant, c'est triste de te voir allongé, tout raide, tes pieds sont bien dressés, plus du tout comme avant... Réveille-toi ! Et si nous recommencions à zéro ? Six ans, c'est long dans la vie d'une femme... Et je veux élever des enfants, je veux un mari, un foyer... Peux-tu me donner tout cela ? Non. Je ne suis là que pour t'aider. Et quand tu as de l'argent, tu vas te soûler. Non, arrêtons-nous là, j'ai été assez patiente avec toi. Tu comprends ?... Ça n'a plus de sens.

Patiente ? Ai-je été si patiente avec toi ? N'étais-je pas aussi insupportable ? Tu ne m'en as jamais rien dit, la plupart du temps, tu ne disais rien. Tu étais trop calme. Tu aurais dû parler davantage, tu aurais dû être davantage parmi les hommes. Tu avais de bonnes dispositions. Mais tu disais toujours que ça ne t'intéressait pas. Mais qu'est-ce qui t'intéressait au juste ?

Si, je veux bien croire que tu m'aimais. Tu m'as donné tellement de surnoms drôles. Je ne me les rappelle pas tous. C'était pour la plupart des noms d'animaux. Il est habituel que des amoureux s'appellent « tourterelle ». Mais pourquoi m'avais-tu baptisée « chevreuil des nuages » ? Ça n'a pas de sens. C'était agréable à entendre, mais c'était puéril. Nous étions toujours puérils quand nous étions tous les deux. Avons-nous parfois parlé sérieusement ? Je crois. Mais j'ai oublié.

Le chevreuil des nuages... est-ce que je ressemble vraiment à un chevreuil ? Je suis une femme robuste qui sait ce qu'elle veut, je veux m'élever et ne pas végéter éternellement. Et c'est pourquoi je vais épouser M. le directeur, un homme, entends-tu ? Il m'appelle Klärli et il m'appellera toujours Klärli, plus tard peut-être Maman ou Mère quand nous aurons des enfants. Mais il ne lui viendra jamais à l'idée de m'appeler « chevreuil des nuages »...

Il sera gentil avec moi, le directeur, passionné, calme, un homme du meilleur âge, mais je me garderai bien de pleurer devant lui... Il m'a déjà dit qu'il détestait les femmes hystériques. Je me le tiendrai pour dit. Devant toi, je pouvais pleurer, tu me caressais les cheveux et tu me citais des vers de Morgenstern :

Je suis si bête, tu es si bête,
Allons mourir...

Tu es allé mourir. Et le chevreuil des nuages est mort lui aussi. Tu te souviens, quand j'étais tout à fait heureuse et que nous étions allongés l'un à côté de l'autre, il pleuvait, la pluie tombait sur la verrière de notre petit atelier, je chantais tout doucement pour toi. Tu me disais : « Tiens, le chevreuil des nuages sait aussi chanter ? » Alors je continuais à chanter. Comme un petit enfant quand il est content. C'était une époque étrange. Te souviens-tu que nos écritures étaient presque devenues semblables ? Aucun de nous n'avait imité celle de l'autre. Les deux écritures ne faisaient qu'une comme nous deux à ce moment-là. Nous dansions aussi ensemble, tout seuls dans l'atelier, devant la flamme du gaz. Il y a encore mon vieux gramophone là-bas. Aimes-tu encore autant les disques hawaiiens ? Je les trouvais infiniment trop suaves, mais tu les aimais et on pouvait danser sur la musique. Tu ne voulais jamais que je fasse la cuisine. Tu as toujours fait la cuisine et la vaisselle tout seul. « Tu ne fais que t'abîmer les doigts », disais-tu. Tu cuisinais bien. Surtout le risotto. Tu t'en souviens ? Et tu balayais aussi le sol. En fait, tu étais un bon gars...

Tu es si calme. Seuls tes cheveux sont comme toujours ébouriffés. Viens, je vais te les coiffer. Pour que tu aies l'air bien quand ils te trouveront demain. Que feront-ils de toi ? Ils pratiqueront l'autopsie et ils t'enterreront. Il n'y aura sûrement personne à ton enterrement. Et tes jolis pieds...

Pensons à autre chose. Te souviens-tu de l'été au bord du lac ? Tu vois, à ce moment-là, tu m'as menti. Tu disais que tu nageais très bien et tu n'es même pas arrivé à entrer dans l'eau. Tu étais comme ça. Et moi, j'aimais tant nager, l'eau était tiède, tu étais assis sur la rive et tu allumais un feu pour chasser les moustiques. Et tu jouais avec notre chien. J'étais jalouse du chien et je l'ai donné... Tu étais assis sur la rive et tu toussais quand tu avais la fumée dans le nez. Pourtant, tu fumais cigarette sur cigarette et toujours des françaises bien fortes. Tu as failli me donner ton vice. Tu te souviens que pendant un certain temps, j'ai fumé comme toi. Et puis, j'ai arrêté.

A ce moment-là, j'étais en dernière année de conservatoire. Je n'avais pas d'argent. Tu t'y es mis et tu as travaillé sur un chantier comme manœuvre. Nous étions très économes. Et puis, j'ai fait un héritage. Je dois dire que tu m'as toujours aidée quand j'en avais besoin. Et finalement, l'argent est-il une chose si importante ? Je sais qu'il ne t'était pas facile de faire des travaux manuels si simples, mais tu l'as fait et pour moi.

Tu as l'air drôle comme ça avec ton sourire figé. Tu souriais parfois comme ça quand tu dormais. Oui. Et ça m'a toujours énervée. Car je croyais que tu te moquais de moi. Tu étais un drôle de gars. Tu te souviens quand j'ai eu cette toquade et que je me suis entichée de cet idiot, de ce médecin et que je te l'ai raconté. Tu as souri, là aussi. Et ça m'a rendue si furieuse que je suis retournée le voir et que je t'ai trompé avec lui. Et ça aussi, je te l'ai raconté. Tu n'as même pas pleuré, mais moi, j'ai hurlé parce que je ne pouvais m'empêcher de penser que j'avais détruit quelque chose de beau. Car ce type, le médecin, était tout à fait impossible, maladroit et inculte. Je n'ai pas pu le revoir par la suite. Tu as dû me consoler et sais-tu ce que tu as dit ? « Cela semble être mon destin, d'abord les femmes essaient de me tromper, comme on dit et après, je dois encore les consoler. » Ensuite, tu m'as dit que rien n'était perdu, qu'au contraire, cela nous rapprocherait. Et c'était exact. Il s'est ensuivi une belle période où nous étions tous les deux épanouis ;

combien de temps a-t-elle duré ? Un an ? J'avais du succès. Tu n'as jamais voulu venir à un concert. Mais à la maison, tu me corrigeais toujours. Et tu y connaissais, Dieu seul sait pourquoi, vraiment quelque chose. Des gens comme toi, que font-ils dans ce monde ? Tu dois me pardonner. J'ai encore tellement de côtés petits-bourgeois en moi. J'aurais bien aimé qu'on se marie, mais tu n'as jamais voulu. C'était trop compliqué pour toi. Trop bourgeois.

Oui, cette année-là, c'était étrange. Nous n'avions pas seulement la même écriture, nous parlions aussi le même langage. Un langage muet. Curieux, nous nous comprenions rien qu'avec les yeux. Tu te souviens quand l'imprésario est venu nous voir à Paris, je devais me produire quelque part et il a pris la fuite parce qu'il se sentait mal à l'aise ? Nous ne disions mot, ni l'un ni l'autre, et il avait sûrement l'impression d'être assis en face de fantômes. Et pourtant, il ne s'agissait que d'un chevreuil des nuages et d'un petit frère.

A cette époque, je t'appelais toujours « petit frère ». Sûrement à cause de la chanson : « Petit frère ne doit pas me faire de misères... »

Dis-moi, toi qui pouvais tout expliquer, pourquoi suis-je aussi sentimentale ? Les souvenirs sont-ils toujours sentimentaux ? Ou bien est-ce que je confonds à nouveau plusieurs choses ? Je ne suis pourtant pas « pleine de sentiments », comme tu disais. Je ne vois que des images et c'est toi, petit frère, qui te déplaces sur ces images. Je peux pleurer encore une fois auprès de toi, c'est la dernière fois. Et demain, je serai une grande dame quand je paraîtrai au bras de mon époux (tu aurais fait la grimace en entendant ce mot, lui ne criera jamais en disant : « Ma chère épouse, tu vois, tout dépend du point de vue d'où on se place... ») pour recevoir les félicitations.

Petit frère, il n'a pas de gramophone, le directeur, il n'a que la radio. Si seulement ils ne passent pas de disques hawaiiens, sinon je ne garantis rien... Je dirai que j'ai un rhume... quand j'aurai besoin de crier. Et je ne lirai plus non plus Morgenstern.

Tu as tout cela derrière toi, petit garçon, mon petit garçon. Tu sais que je t'appelais souvent comme ça quand tu avais peur. Tu avais si souvent peur. Ne devais-je pas te protéger? Comme une mère protège son enfant? Peut-être vais-je maintenant avoir de vrais petits enfants, des enfants tout neufs comme tu disais toujours. Tu avais toujours si peur que j'aie un enfant de toi. Idiot. La demi-heure est passée. Je n'ai pas versé une seule larme. Tu es si calme. Tu t'es enfui. D'une façon originale, je dois dire. En faisant de moi une meurtrière. Meurtrière? Je n'éprouve aucun sentiment de culpabilité. Que serais-tu devenu sans moi? Car tu avais bien compris qu'une fois devenue Mme la directrice, je ne t'aurais plus aidé. Et tu n'aurais pas fait pression sur moi. Tu étais trop bien pour cela. Que serais-tu devenu? Ils t'auraient interné quelque part. C'est mieux ainsi. Ecoute, petit frère, tu ne dois pas m'en vouloir. Tu n'as pleuré que deux fois devant moi. La première fois — t'en souviens-tu? — parce que tu étais heureux. Et puis, il y a une semaine, quand je t'ai dit que j'allais me marier. Tu n'étais pas beau quand tu pleurais. On aurait dit un petit garçon. Mais je ne pouvais pas te consoler. Tu comprends que je devais rester ferme. Je devais sortir de cette fange. Tu m'aurais entraînée encore plus loin dans ta paresse, ton petit confort, ton indifférence. Je veux vivre, comprends-tu?

Non, tu ne m'en veux pas, tu souris. Tu comprends tout. Tu es un bon gars. Pardonne-moi de t'avoir traité de parasite. Tu n'en es pas un. Une fois, aussi, je t'ai appelé « invalide de l'âme ». Pardonne-moi aussi cette méchanceté. Tu ne l'étais pas du tout. Tu étais un bon gars. Tu m'as beaucoup appris. Es-tu content ? Ce que j'ai appris ? Peut-être à ne pas me prendre trop au sérieux. Mon violon... Mme la directrice jouera parfois un morceau quand elle aura des invités. Et les gens applaudiront discrètement et murmureront : « C'est dommage... quel talent !... » Petit frère, tu me pardonnes ?

Je t'entends dire : « Chevreuil des nuages, c'était un service réciproque. Tu m'as ôté la peine de me suicider, je t'ai délivrée d'un grand poids. Nous nous reverrons, chevreuil des nuages. Crois-moi ! »

Tu n'as jamais eu la foi et pourtant tu parlais parfois d'un autre monde. Ce sera différent là-bas, petit frère, espérons-le, moins ignoble... Je ne t'embêterai plus, tu te mettais tellement en colère quand je le faisais. Adieu, le chevreuil des nuages s'en va.

Adieu, petit frère, mon petit garçon, mon enfant...

Des chaussures qui craquent

En 1919, Jakob Studer, commissaire de police à Berne depuis un an et demi, dut chercher un nouvel appartement parce que la maison dans laquelle il avait trois pièces et une cuisine fut démolie. S'il est toujours désagréable de déménager, chercher un autre appartement l'est encore davantage, surtout quand on a peu de temps dans la journée. En fait, ce fut la faute de Mme Studer si le couple déménagea en octobre et si le commissaire dut, à la suite de cela, rester trois semaines couché parce qu'il avait attrapé une pleurésie. On monte les meubles, on les pose d'abord le long d'un mur, puis le long d'un autre mur, on sue, on ne fait pas attention s'il pleut, et quand on croit enfin pouvoir se reposer dans les nouvelles pièces, c'est là qu'on commence à tousser et à avoir des douleurs lancinantes dans le dos, juste au-dessus des hanches ; le visage devient rouge, des gouttes de sueur perlent sur le front et votre femme vous dit : « Köbi, tu as de la fièvre ! » et se met à chercher le thermomètre égaré lors du déménagement...

Trente-huit cinq. Un médecin vient, c'est ennuyeux, car jusqu'ici, on ne savait pas ce qu'être malade voulait dire. La poitrine nue, il vous tapote le dos, il faut avaler de l'aspirine qui vous donne des aigreurs d'estomac. Pas le droit de se lever, et Mme Edwige Studer téléphone au bureau pour dire que son mari est gravement malade et qu'il ne pourra pas venir les prochains jours. Vous êtes couché, les yeux vous font mal, vous entendez la conversation monotone qui vous tape sur les nerfs, mais vous vous énervez encore plus à cause du papier peint. Il ne va pas avec la pièce, il n'est pas du tout à votre goût. En outre, il y a du bruit dans la maison. En haut, au troisième étage, un gamin fait des gammes, puis joue des études et une sonatine et pour finir une valse pendant que dans la maison d'à côté, quelqu'un enfonce un clou dans le mur, le clou est mal mis, il a probablement été enfoncé au mauvais endroit, on entend la personne le retirer du mur et deux centimètres plus loin, les coups de marteau reprennent...

Dieu merci, la conversation téléphonique est terminée, mais le piano marche encore, le marteau frappe et refrappe, la femme entre dans la pièce, elle marche sur la pointe des pieds, mais ne peut pas fermer la porte sans faire de bruit. Dehors, la tempête de l'automne gronde dans les rues, il y a des courants d'air dans l'appartement et la porte claque. Le malade dans son lit dit à sa femme qu'elle pourrait faire attention. Mais Edwige Studer prend un air furieux, car elle a fait attention ! Est-ce sa faute s'il y a des courants d'air dans l'appartement ? Elle dit qu'elle n'y peut rien, se laisse tomber dans un fauteuil et commence à lire. Elle aime bien lire, la femme du commissaire, des romans avec des couvertures hautes en couleur et ces livres qui ne sont même pas reliés, mais seulement brochés, sont la cause de querelles qui éclatent de temps à autre dans le couple.

« Dis donc, dit d'une voix rauque le malade dans

son lit, j'ai soif. » Soupir. Sa femme se lève, quitte la pièce (cette fois-ci, la porte ne claque pas) et revient dix minutes plus tard avec une infusion de tilleul. « Meeerci ! » dit son mari, qui remplit une tasse, remue une cuillère de sucre dans le liquide chaud et commence à boire. « Ne sirote pas comme ça ! » dit la femme et son mari ronchonne. Il est trois heures et la fifille est encore à l'école. A côté, le gars a arrêté de taper ; en haut, au troisième étage, on n'entend plus le piano. Le commissaire de la police communale aimerait bien lire, mais il n'a pas envie de demander quoi que ce soit à sa femme. C'est pourquoi il reste allongé, les mains jointes sous la tête, son nez est bouché et il a mal à la gorge.

Il est inutile de décrire plus précisément la rue où Jakob Studer avait loué un appartement. Il suffit de dire que l'endroit était agréable car la vue y était dégagée. En contrepartie, la gare était toute proche et cinq voies passaient de l'autre côté de la chaussée. A proximité, se trouvait un poste d'aiguillage, une maisonnette de verre éclairée la nuit, une cabane à peine reliée à la terre, montée sur des piliers d'acier. Quand Studer se leva un peu plus tard parce qu'il ne pouvait pas dormir, il put voir l'homme qui levait un levier, en abaissait un autre et attendait que le rapide entre dans la gare en grondant sur les rails. Quand son état se fut amélioré, il se souvint des nuits pendant lesquelles la fièvre le réveillait et le fracas des trains résonnait dans sa tête, des nuits durant lesquelles ses oreilles entendaient les trains arriver, gronder sur les rails et le silence petit à petit s'installer. Le calme soudain qui suivait l'arrêt des roues dans la gare était pénible ; les freins crissaient encore quelque temps après l'immobilisation tonitruante des roues. Alors que la fièvre lui martelait encore la tête, les roues pétaradantes jouaient une musique inconnue dans une langue incompréhensible sans qu'il sache s'il s'agissait d'une chanson ou d'une histoire incompréhensible qu'elles racontaient...

Le commissaire de la police de Berne détesta d'emblée l'appartement dans lequel ils avaient dû emménager parce que la maison dans laquelle il avait vécu si longtemps avait vieilli et était vouée à la destruction. Et il devait se contenir pour ne pas reprocher grossièrement à sa femme d'avoir loué cet appartement qui n'était séparé des cinq voies que par la rue, et dans lequel on entendait nuit et jour le bruit des trains qui arrivaient et repartaient. Dans ses rêves, il voyait les lieux d'où les trains venaient, où ils allaient, le Sud, la mer, les montagnes, les îles nordiques, les mines de charbon anglaises, Naples, le canal de Suez, des images toujours plus lointaines surgissaient dans ces rêves, torturaient son corps fiévreux avec la sueur et le froid du Nord... Deux choses rendaient l'appartement encore plus détestable : tout d'abord, le papier de la chambre ; un « artiste » avait pensé à une pergola dont on voyait les fils auxquels étaient accrochés des feuilles de rose, des sarments et des boutons ; ce papier obligeait le malade à penser à l'été, à un parc et à des fleurs parfumées.

Il y avait aussi un bruit encore plus désagréable que le grondement des roues du train. Le mur contre lequel se trouvait la tête du lit devait séparer la chambre de la cage d'escalier. On entendait, en effet, toujours des pas à la même heure. Tantôt ils montaient l'escalier, tantôt ils le descendaient. Et comme il était malade et couché et ne pouvait rien voir, le commissaire Studer ruminait : qui pouvait être cet homme qui montait et redescendait un peu plus tard ? Un homme... Sans doute un homme... Un pas de femme aurait été moins lourd et s'il s'était agi d'une grosse femme, on aurait entendu le claquement des talons et le pas d'une jeune femme aurait été plus léger. Un homme donc... Mais à quoi ressemblait-il ? Ses semelles craquaient, ses chaussures avaient probablement de mauvaises semelles, pourquoi cet homme ne portait-il pas de semelles de caoutchouc ? Autre chose étrange : les heures auxquelles on entendait les pas. Quel genre de métier cet homme exerçait-il ? A dix heures du matin, il descendait lentement les marches et à midi, il revenait. L'après-midi, il semblait rester à la maison. Pourtant, à sept heures et demie, les semelles craquaient à nouveau sur les marches quand il redescendait. Et à minuit, minuit et demi au plus tard, il remontait l'escalier, mais pas jusqu'au troisième étage où tous les après-midi un gamin faisait des gammes au piano... il montait plus haut... La maison avait trois étages et au-dessus du troisième, il y avait des mansardes. L'homme aux chaussures qui craquaient devait donc habiter dans une mansarde.

Le commissaire avait aussi droit à une mansarde, mais jusqu'ici, il n'avait pas usé de ce droit. Elle était meublée, ou plutôt sa femme y avait entassé de vieux meubles, des malles, des choses inutilisées dont les femmes ont du mal à se séparer et la mansarde était pleine. Studer avait pensé louer la pièce, plus tard, quand il serait guéri. Ce n'était pas une mauvaise affaire et cela diminuerait un peu le prix élevé du loyer. Quelqu'un avait déjà mis cette idée en pratique et l'une des mansardes était louée. A qui ? Par qui ? Il y avait au rez-de-chaussée un bureau qui s'occupait de la vente d'huiles de moteur. On ignorait tout du propriétaire. Au premier, vivait un professeur d'université qui pouvait se permettre d'avoir une bonne. Il l'avait installée dans une mansarde, Studer en était sûr. Mais qui habitait au troisième étage ?

Huit jours plus tard, le commissaire n'eut plus de fièvre, ni le matin, ni l'après-midi. Pourtant, Mme Edwige Studer continuait à lire dans son fauteuil quand elle avait fini le ménage. Un jour, son mari lui demanda : « Dis donc, Edy, qui habite au troisième ? » Sa femme lui répondit par un « hein ? » et lui fit signe de ne pas la déranger, car son livre était passionnant. Le commissaire ne perdit pas patience et reposa sa question, chose cependant inutile, car un train entra dans la gare à ce moment-là et Studer dut poser sa question une troisième fois.

« Qui habite en haut ?

— En quoi est-ce que ça t'intéresse ?

— Comme ça. »

L'homme s'appelait Sobel et avait un bureau de tabac quelque part en ville. Il avait loué sa mansarde à un musicien et, d'après ce qu'on disait, le violoniste avait une liaison avec la femme du buraliste. « Edy ! Une liaison ! Ne dis pas des choses pareilles ! » Comme toujours dans de semblables situations, sa femme devint virulente et demanda à M. le commissaire s'il était devenu terriblement moraliste... et si tous ses collègues l'étaient autant. Le commissaire préféra ne pas répondre.

Dans la chambre mansardée vivait donc un violoniste — où cet homme jouait-il ? Dans un café ? Au théâtre de la ville ? — et cet homme profitait de l'absence du buraliste pour flirter avec sa femme... Hum !... C'est ce que Mme Studer prétendait, mais ce n'était peut-être que des sornettes ; il y a des femmes qui aiment bien s'occuper de leur prochain.

Violoniste !... De dix heures à midi, l'homme répétait. Le soir, il travaillait... Le commissaire aurait pu apprendre son nom plus facilement s'il avait été au bureau, mais à la maison, au lit ! Il valait mieux attendre. Ça faisait déjà dix jours qu'il était au lit et le docteur avait dit qu'une angine ne durait pas plus de deux semaines. Il valait certes mieux garder le lit encore une semaine. Il pourrait y avoir des complications rénales... Tout de même. Ce n'était pas trop difficile de patienter pendant encore onze jours...

Jakob Studer, commissaire de police à Berne, n'eut pas à attendre si longtemps. Quatre jours plus tard en effet, c'était un dimanche, il n'avait plus de fièvre et il ne se préoccupa pas des consignes du docteur inconnu, mais se leva parce qu'il n'avait plus mal à la gorge ; comme sa femme était partie avec sa fille rendre visite à une tante à Koppigen, il se sentit si seul dans le nouvel appartement qu'il se couvrit chaudement et sortit vers trois heures de l'après-midi ; dehors, il faisait chaud et au moment où il tournait la clef dans la serrure, il entendit le bruit des semelles à l'étage au-dessus. Il sourit dans sa moustache qui avait bien poussé durant sa maladie et attendit. Les semelles qui craquaient atteignirent le troisième étage et il n'entendit plus rien. Puis une porte s'ouvrit et une voix de femme dit : « Bonjour, Alfred. » Un murmure en guise de réponse. Puis la voix de femme se fit à nouveau entendre : « Agathli a assez joué. » Elle lui demanda s'il ne voulait pas l'emmener quelque part... Silence. De nouveau la réponse ne fut qu'un murmure et la femme dit qu'elle allait préparer la fille, son manteau était de toute façon en bas, elle demanda à Alfred s'il voulait bien patienter quelques minutes... Studer entendit nettement l'homme répondre : « Volontiers. »

Le commissaire se réjouissait que la clef de l'appartement soit si difficile à manier. Et puis, il se sentait un peu faible sur ses jambes — on ne reste pas impunément quinze jours au lit, les muscles des mains, des mollets et des cuisses se comportent étrangement — bref, quand Studer eut enfin fermé la porte de son appartement, il entendit le bruit des semelles dans la cage d'escalier qui reliait le troisième étage au second.

Le commissaire resta sans bouger et s'appuya au mur. Là, il vit sur le palier, entre le deuxième et le troisième étage, un couple étrange. Pendant que les semelles bruyantes poursuivaient leur descente, une porte claqua à l'étage du haut.

Les semelles qui craquaient appartenaient à une paire de chaussures basses. Il s'agissait de vieilles chaussures. L'homme qui les portait était vêtu d'un manteau mince et usé, il avait au sommet de sa tête presque chauve un chapeau rond et tenait de la main droite une canne sur laquelle il s'appuyait souvent, mais qui ne faisait pas de bruit parce que le bout était en caoutchouc.

« Bonjour », dit Studer d'un ton aimable en soulevant son chapeau à large bord. Le monsieur chauve leva son chapeau à son tour et la fille qui tenait la main gauche du vieux salua de la tête. Elle portait de longues nattes blondes et pouvait avoir dans les douze ans. Mais ce qui étonna le plus le commissaire était la boîte que le vieil homme avait coincée sous son bras droit et qui ne l'empêchait pas de s'appuyer sur sa canne. Ce n'était pas un étui de violon, ni de violoncelle, c'était probablement un instrument à vent, mais Studer en ignorait le nom. Était-ce une trompette, un hautbois, une flûte ?

« Je suis votre nouveau voisin », dit Studer poliment

et dans un bon allemand. Pas de réponse. La fillette dit : « Excusez mon père, il entend mal.

— Ah ! bon, pardon, excusez-moi, mademoiselle. »

Ils continuèrent à descendre l'escalier, Studer suivit ce couple étrange, mais d'un pas plus lent que celui du musicien et de la fille.

Lorsque le commissaire passa le portail de la maison, ils avaient effectivement disparu, il entendit seulement un train changer d'aiguillage, puis l'homme qui était de service dans la maisonnette de verre appuya sur un levier. Studer marcha lentement sur le trottoir, la rue lui sembla étrangère, il ne l'avait pas vue depuis quinze jours et seulement très peu de temps au cours du déménagement. Son allure était un peu hésitante, des gants l'auraient gêné, c'est pourquoi il frottait ses mains l'une sur l'autre dans son dos. Un vent étouffant passa le long des maisons et fit tourbillonner la poussière, de sorte qu'il dut, pour se protéger les yeux, tenir les paupières à demi fermées. De nouveau, un train du dimanche passa, des hommes regardaient aux fenêtres, fumaient des cigares et riaient parfois sans raison ; les femmes, un miroir de poche à la main, se poudraient ou rajustaient leur voilette. Studer s'arrêta, les roues pétaradaient dans sa tête et cela le dérangeait tellement qu'il s'éloigna, entra dans une auberge et s'assit à la seule table qui était libre. Il commanda une blonde et un Brissago, deux choses qui devaient en théorie nuire à sa santé, mais cela lui était égal, il voulait seulement oublier les deux dernières semaines, son mal de gorge, sa fièvre et les nuits sans sommeil. Il se rendit compte tout de suite qu'il avait commis une erreur, car sa tête lui fit mal et ses yeux le brûlèrent. Comme il commençait même à tousser, il cria : « L'addition ! » et quitta le restaurant en soupirant un peu, car l'un des quatre joueurs qui jouaient au jass dans un coin près de la fenêtre avait un cent à l'as d'atout...

Une rue parallèle dans laquelle il tourna l'éloigna un peu du vacarme des trains. Il se mit à penser au couple qu'il avait rencontré dans l'escalier et il trouva plusieurs explications. La gamine avec les tresses blondes devait être la fille de l'homme aux semelles qui craquaient. Comment s'appelait donc cette fille qui faisait des gammes une heure par jour et jouait des études, des sonatines et des valses ? Et où travaillait donc le dur d'oreille dont les semelles grinçaient, mais dont le bout de la canne tapait sans bruit sur les marches ? Il ne gagnait sûrement pas beaucoup d'argent, son salaire ne suffisait pas pour louer un appartement, il devait se contenter d'une mansarde...

Mais où donc habitait la fille aux longues tresses ?

Le bureau du rez-de-chaussée avait sûrement aussi droit à une chambre sous les toits et c'est là que vivait la fillette. Mais la famille du troisième étage était un couple sans enfant probablement — la femme s'occupait de la fille pour passer le temps, appelait le musicien « Alfred... » et le tutoyait, ce qui faisait dire aux mauvaises langues qu'elle avait une liaison avec le vieux musicien. Pourtant, rien ne prouvait ces affirmations idiotes. Le vieux chauve prenait sûrement ses repas avec sa fille chez le couple et leur payait une pension. La mère de la fille était sûrement morte et cette solution arrangeait tout le monde, les deux couples. Un homme qui tient un bureau de tabac n'a pas beaucoup de recettes, le loyer de l'appartement du troisième étage était sûrement élevé, et ça valait la peine, non seulement de louer la mansarde, mais aussi de prendre deux pensionnaires...

Hum !... Studer passa la paume de sa main sur son

menton et constata qu'il n'était pas rasé. Cela l'énerva et il rentra chez lui. Mme Studer n'était pas encore de retour, il n'était que quatre heures et demie, Studer s'assit dans le fauteuil près de la fenêtre, le fauteuil dans lequel sa femme prenait place quand il était malade ; il trouva sur la table à ouvrage un de ces fascicules qu'il détestait, commença à le feuilleter et finit par le jeter. Il bâilla longuement, s'énerva qu'on soit dimanche, parce qu'il ne pouvait se faire couper ni les cheveux, ni la moustache. Tous les salons de coiffure étaient fermés... Il passa le doigt et l'index de sa main droite sur ses yeux douloureux, bâilla encore une fois et fit un bond.

Il se passait quelque chose de palpitant à l'étage du dessus. Un bruit éveilla l'esprit du commissaire : un cri plaintif, impossible de dire si c'était une voix d'homme ou de femme... Puis une chute. Des pas allaient et venaient, une porte claqua, le foehn qui entrait par les fenêtres y était sûrement pour quelque chose... Puis ce fut le silence. Le commissaire était assis dans le fauteuil de sa femme, les mains sur les accoudoirs, il écoutait... Il était étrange qu'on n'entende aucun pas dans la cage d'escalier.

Studer était assis sans bouger dans le fauteuil, au-dessous un train passa avec fracas et le commissaire ne put s'empêcher de penser à l'homme qui actionnait un levier dans sa cage de verre. Puis le silence se fit à nouveau dans le nouvel appartement qu'il avait loué. Mutisme au premier et au troisième étage. On aurait pu croire que la maison était vide... Une voiture passa lentement devant la maison, il entendit ensuite deux personnes qui étaient devant la maison se disputer. Il ne saisit cependant pas le sens de leurs paroles.

A ce moment-là, la porte de la maison se referma,

des pas montèrent l'escalier, passèrent devant l'appartement de Studer, montèrent plus haut, une clef pénétra dans la serrure...

Un cri retentit, le cri d'une femme.

Le commissaire bondit hors de son fauteuil, passa une écharpe de laine autour de son cou, ouvrit la porte de l'appartement et grimpa l'escalier quatre à quatre jusqu'à l'étage du dessus; la porte de l'appartement était grande ouverte, quelqu'un pleurait. Studer entra. Les portemanteaux étaient vides, la cuisine et les deux autres pièces étaient dans l'obscurité; dans une pièce, cependant, il y avait de la lumière.

Studer avait la migraine et la tête lui tournait. Pourtant, il entra dans la pièce éclairée, ou plutôt resta dans l'embrasure de la porte.

La fillette aux longues tresses blondes gisait par terre et à côté d'elle était agenouillée une femme qu'il ne connaissait pas.

« Que s'est-il passé ? »

La femme qui était agenouillée leva les yeux, des larmes dessinaient des lignes brillantes sur ses joues, enlevant la poudre qui couvrait la peau.

« Qui êtes-vous ? » demanda la femme et Studer se présenta.

« Vous êtes de la police ? » demanda-t-elle encore. Studer hocha la tête.

« Dieu soit loué !

— Pourquoi ?

— Regardez ! Elle est morte... Probablement étranglée !... par un inconnu !... »

Le commissaire détestait les exagérations. C'est pourquoi il poussa la grosse femme sur le côté — rien que les larmes qui graissaient la poudre l'énervaient — et se pencha pour examiner la fillette de plus près.

Elle avait été étranglée !... On ne voyait pas de traces de doigts sur le cou... Pourtant, elle était tombée sur la tête, c'était évident, on voyait encore la bosse et la tête penchait tellement qu'on aurait pu croire qu'elle avait la nuque brisée.

« Je ne peux rien faire, dit Studer. Le mieux serait d'appeler la police et de faire venir un médecin. »

La grosse femme, qui était sûrement la femme du buraliste, n'avait même pas enlevé sa veste grise et avait aussi gardé ses gants. Le commissaire se dit que c'était d'ailleurs une bonne chose à cause des empreintes digitales.

« Au fait, comment vous appelez-vous ?

— Mais, monsieur Studer, je suis une voisine, vous devriez me connaître ! »

Le commissaire haussa ses lourdes épaules : « J'ai été malade... C'est pourquoi je ne connais personne dans la maison...

— Ah oui, c'est exact ! Vous avez eu une angine, n'est-ce pas ?... Ne commettez-vous pas une imprudence en montant chez nous ? »

Deux choses irritaient Studer : que la grosse femme qui s'était enfin levée fasse des efforts pour parler un allemand littéraire et qu'elle soit fière d'avoir le commissaire Studer comme voisin. Car sa première question au sujet de son identité n'était que comédie. On ne pouvait pas prendre au sérieux ce genre de femme. Comme cette femme s'efforçait de parler le bon allemand de Berne, Studer décida de la parodier et lui demanda :

« N'avez-vous pas le téléphone, madame... madame... ?

— Madame Staub ! Vous devez connaître mon nom, commissaire, n'est-ce pas ?

— Non... hélas non ! »

La femme prit un air offensé, quitta la pièce, alluma la lumière dans la pièce à côté et lui dit que s'il voulait téléphoner... « Volontiers... Merci... »

La femme de Studer et son remplaçant arrivèrent en même temps. Quelques minutes plus tard, c'est le buraliste qui se présenta et commença à parler dans l'embrasure de la porte de la partie d'échecs qu'il avait gagnée cet après-midi au club. Mais quand il entendit parler de la mort de la petite Agathe, il se tut et une expression de lassitude passa sur son visage grassouillet et couperosé.

Pendant la demi-heure qui venait de s'écouler, la langue de Mme Staub n'était pas restée inactive. Elle parla de la bonté dont elle avait fait preuve à l'égard de ses voisins, du musicien du théâtre de la ville, Arnold Walter, qui lui devait sa mansarde : elle avait consenti la location contre la volonté de son mari. Un jour, elle avait discuté pendant trois heures avec M. Eichenberger qui avait le bureau pour les huiles de moteur et avait obtenu que le pauvre vieux ne paie que dix francs par mois. Certes, ce n'était pas meublé, mais elle avait réussi, elle, Mme Staub, à trouver un lit, deux chaises et une table pour que la fillette soit installée correctement. Et la chambre de son père, qui était devenu sourd après une grave maladie, était de toute façon louée meublée. Le père et sa fille pouvaient déjeuner chez eux et ils n'avaient jamais demandé plus de deux cent vingt francs par mois pour les deux pièces et la pension. N'était-ce pas un cadeau ? Surtout quand on considère que M. Arnold Walter — il joue de la clarinette — ne gagne que trois cents francs par mois. Etait-ce donné ou pas ?... Studer haussa les épaules pour ne pas répondre, car il était en train de calculer qu'il ne restait au vieil homme que quatre-vingts francs pour les vêtements et le linge, il fumait sûrement et devait aller chez le coiffeur de temps en temps. Le commissaire soupira... Il se dit qu'il était difficile de vivre dans ce monde...

A ce moment-là, le remplaçant du commissaire, l'inspecteur Reinhard, entra dans l'appartement. Puis ce fut au tour de Mme Studer d'entrer avec sa fille. Elle fit des reproches à son mari et lui promit une rechute ; elle prit sa fille par la main et quitta l'appartement dans lequel se trouvait la morte. A peine avait-elle disparu que M. Staub, le propriétaire du bureau de tabac, surgit et commença à raconter l'histoire de sa partie d'échecs. Studer se tenait silencieux dans la salle à manger à côté de la fillette, il était appuyé au mur et sa tête lui faisait mal. Une question ne cessait de le tourmenter : où était le clarinettiste ? Pourquoi le père ne se préoccupait-il pas de sa fille morte ?

Le médecin légiste arriva, furieux d'avoir été dérangé un dimanche. Il s'agenouilla, ausculta le jeune corps, surtout la nuque, secoua la tête avec étonnement et constata que les paupières étaient fermées... « C'est vous qui l'avez fait, Studer ? » demanda-t-il. Le commissaire secoua la tête. Il avait de plus en plus mal à la tête et ne savait pas ce qu'il cherchait là. Il n'était pas tenu de mener l'enquête. Il demanda doucement à Mme Staub où était le clarinettiste — s'appelait-il bien Arnold ? — cet après-midi. Elle lui répondit qu'il avait une matinée à quatre heures, mais qu'il devrait être de retour depuis longtemps. De retour... Les mots restaient dans la tête de Studer. Comme son Brissago était éteint, il le ralluma et alors qu'il tenait encore l'allumette enflammée à la main, il la laissa soudain tomber. De l'étage du dessus leur parvenait une douce mélodie jouée à la flûte. A la flûte?... Ou était-ce à la clarinette? La mélodie était triste et rappelait l'une des sonatines que la fillette jouait tous les après-midi.

Cette chanson lointaine et douce faisait une impression étrange. Le médecin légiste, toujours agenouillé près de la fillette, ouvrit la bouche, l'inspecteur Reinhard posa son petit doigt sur le lobe de son oreille droite comme pour mieux entendre. Mme Staub s'essuya les joues, sortit un miroir de poche de son sac et se poudra, ressemblant ainsi à l'une de ces femmes que Studer avait vues à une fenêtre du train du dimanche; M. Staub, le propriétaire du bureau de tabac, remit dans le paquet le cigare qu'il venait de prendre pour le fumer...

Sur le sol était allongée la fillette avec son cou cassé; ses paupières fermées étaient blanches comme de la cire.

« Qui... qui... joue? demanda le remplaçant de Studer.

— Sûrement le père », répondit le commissaire sans bouger. Il comprit soudain pourquoi tout était devenu si silencieux dans la cage d'escalier après la chute.

« Va le chercher, Reinhard! » ordonna Studer et le remplaçant s'exécuta docilement. Avant de passer la porte, il se retourna et demanda : « Tu vas mieux, Studer? » Le commissaire hocha la tête d'un air absent...

Cependant, une fois l'inspecteur parti, Mme Staub pleura, tandis que son mari était assis, les jambes croisées et l'air embarrassé, sur le sofa près de la fenêtre; de temps en temps, il secouait sa grosse tête; entre le pouce et l'index de sa main droite, il tenait son cigare éteint et le tournait entre ses doigts.

« Au dixième coup, Martha, Nägeli a commis une erreur. Il a voulu me mettre dedans avec le sacrifice d'un cavalier, mais j'ai compris ce qu'il voulait faire et je n'ai pas marché, j'ai bougé ma reine de *h3* à *e6 ;* ça a troublé Nägeli et il a perdu la partie. Nous avons joué deux heures et, au trentième coup, il a renoncé. Que veux-tu, ça n'aurait plus été que des coups forcés...

— Tais-toi, maintenant ! » ordonna Mme Staub, qui ôta enfin sa veste et ses gants. Elle revint dans la pièce, éteignit d'abord la lumière dans le couloir et ferma la porte. En haut, la chanson continuait, elle cessa et on entendit des pas sur le palier, mais non les pas des semelles qui craquaient. En fait, on n'entendait qu'un seul pas, l'inspecteur avait des chaussures à semelles épaisses et le musicien avait sûrement des pantoufles.

Studer repensa aux pas qu'il avait entendus au-dessous, dans son appartement. Ils avaient été étrangement silencieux, seule une porte avait claqué.

La sonnette retentit et Mme Staub alla ouvrir.

M. Arnold ne portait ni col, ni blouse, simplement sa vieille robe de chambre. Comme il n'avait pas sa canne, il boitait un peu. Sa clarinette était coincée sous son bras droit. Il s'arrêta à la porte — Studer remarqua qu'il portait des pantoufles de feutre —, il s'approcha à petits pas et s'arrêta près du corps de sa fille. L'inspecteur Reinhard lui posa des questions qui restèrent cependant sans réponse.

« Es-tu... es-tu morte, Agathe ? » demanda le musicien.

Studer remarqua que le sang lui montait à la tête, la peau de son crâne chauve devint violacée. « Es-tu morte ? » Le vieil homme ne bougeait pas, il était là, dans sa robe de chambre marron, les mains dans les poches. « Si tu parles, je te comprendrai sûrement ! Dis-moi qui... les autres bougent leurs lèvres d'une façon si bizarre que je ne comprends pas ce qu'ils disent. Mais toi... toi... je t'ai toujours comprise ! »

Le vieil homme parlait un allemand étrange, en fait étrange seulement pour ceux qui étaient présents et qui étaient habitués au suisse allemand. Les paroles du musicien avaient une sonorité étrange, Studer trouvait que cela faisait penser à un Slave qui parlait allemand. Et pourtant, Arnold était à coup sûr un nom allemand.

« Agathe... » dit le vieil homme et les quelques cheveux qu'il avait sur la nuque se dressèrent, tandis que son crâne chauve se couvrait de gouttelettes de sueur...

Soudain, la clarinette tomba avec fracas sur le parquet, le vieil homme tomba à genoux et attrapa la main droite de la morte. Il tremblait.

« Comme ta main est froide ! » dit-il.

Il leva sa main gauche et la posa sur le front de sa fille.

« Qui t'a... qui t'a... Agathe ! » Silence. Puis : « Peut-être ne veux-tu pas que cela se sache ? »

On aurait dit une question. Studer était toujours appuyé au mur, le Brissago éteint au coin gauche de la bouche.

« Que dois-je faire, Studer ? » demanda l'inspecteur Reinhard. Il était petit, son visage faisait penser à une souris, mais il portait un col dur, sûrement parce qu'il était le remplaçant de Studer.

« Ce que tu dois faire ? » répéta Studer.

Il se sentait fatigué. La fièvre allait sûrement encore le faire souffrir et il devait s'attendre à une rechute. Que les enquêtes sont ennuyeuses !

« Donne-moi du feu, Reinhard ! » ordonna-t-il. Et lorsque son cigare fut enfin allumé, il se dégagea du mur et s'avança vers le joueur d'échecs qui tripotait toujours le cigare qu'il n'avait pas allumé.

« Pourquoi avez-vous fait cela, monsieur Staub ? demanda le commissaire, qui ne se sentait pas bien.

Que vous avait-elle fait, cette fillette ? » La pièce était plongée dans un silence total. Mme Staub ouvrit des yeux ronds étonnés.

« Toi, Alfred ?... C'est faux ! Tu étais bien en train de jouer aux échecs, n'est-ce pas ? »

L'homme, qui était assis sur le canapé, s'effondra.

« Je n'y peux rien, dit-il doucement. Je n'y peux rien. Elle jouait quand je suis rentré et je lui ai juste un peu tiré les nattes... Rien de plus... Et elle est tombée. Simplement tombée... Mais c'était juste ! Entends-tu ? C'était juste qu'elle meure. A quoi servait-il que le musicien qui ne gagne rien et qui est dur d'oreille ait un enfant et que nous deux, nous soyons seuls, toujours seuls ? N'avons-nous pas souvent espéré avoir un enfant, hein ? Dis-le ! Dis la vérité ! »

Sa femme se taisait. Des lignes verticales se dessinèrent sur ses joues repoudrées.

Le commissaire haussa ses lourdes épaules, puis se dirigea vers la porte d'un pas peu assuré.

« Finalement, dit-il en bon allemand, tu es mon remplaçant, Reinhard. Tire l'affaire... l'affaire... au clair. Tu sais, je suis fatigué et j'ai de la fièvre ! »

Il toussa, son Brissago était éteint. Il le tenait comme le buraliste entre le pouce et l'index et le faisait tourner.

« Bonne nuit, balbutia-t-il. Bonne nuit tout le monde... »

Le silence était tel qu'ils purent tous très nettement entendre le pas lourd du commissaire dans le couloir ; ils entendirent la porte se fermer, les pas descendre et se faire de plus en plus sourds. Il sonna à la porte de son appartement, les gonds craquèrent et la porte se referma. Silence. Puis la voix de Mme Edwige Studer retentit haut et fort.

Une fin du monde

Extrait du rapport confidentiel du greffier Paul Montandon au Dr Hans Fehlbaum, président de la chambre des magistrats du tribunal suprême (15 septembre 1931)...

... et permettez-moi, par conséquent, de revenir brièvement sur cette affaire puisqu'elle est liée à la plainte que M. le Procureur Schönthal s'est cru obligé de déposer contre mon supérieur.

Brand fut appréhendé le matin du 4 août par le gendarme Kohli et incarcéré à la prison du district, accusé de s'être rendu coupable d'un cambriolage dans la maison de l'agriculteur Gäumann. Le lendemain, lors de l'interrogatoire conduit par mon supérieur, le juge d'instruction Max Jutzeler, l'accusé a avoué le cambriolage en insistant sur le fait qu'il n'avait agi que par nécessité et n'avait dérobé qu'un saucisson et une demi-miche de pain. Les faits se sont déroulés dans la nuit du 1er août au 2 août. Brand se comporta fort bien lors de l'interrogatoire et raconta les faits avec humour et précision comme s'il s'agissait d'une farce d'écolier. Brand versa ensuite quelques larmes et quand on lui demanda ce qui en était la cause, il raconta sa vie.

Comme nous avons décidé, M. le Juge et moi-même, de ne pas joindre le procès-verbal de cette déclaration aux dossiers adressés au parquet, je vous prierai, monsieur le Président, de tenir mon rapport secret. Les faits ont été portés à la connaissance des autorités par le comportement qu'eut Brand un peu plus tard. L'accusé raconta qu'il s'était échappé de la maison des pauvres de Breitiwyl en compagnie d'une pensionnaire, Pulfer Margareth, qui était elle-même internée là-bas, qu'il avait ensuite vagabondé deux mois dans le Jura et réussi avec peine à survivre en fabriquant des paniers qu'il revendait. Le 15. 5. 1931, sa compagne a été appréhendée par la police communale de Biel, et envoyée après décision préfectorale du 16. 7. 1931 d'après la loi du 11 mai 1881, art. 4, § 2, pour un an à l'établissement de Hindelbank. L'accusé a ensuite erré sans but. Il avoue s'être introduit dans quelques fermes pour se procurer de la nourriture et a finalement été arrêté par le gendarme Kohli dans une grange où il avait passé la nuit. Brand raconta qu'il avait été interné pratiquement sans interruption depuis sa dix-septième année, d'abord dans la maison de redressement de Trachselwald, puis à Witzwil d'où il s'était enfui, puis à Thornberg. Comme des doutes concernant ses facultés mentales avaient surgi, l'asile de Waldau avait demandé un certificat concluant qu'il s'agissait chez Brand d'une maladie mentale caractérisée. Au vu de ce certificat, Brand fut interné de façon permanente à l'asile ; il a cependant réussi à s'enfuir et a été repris après s'être rendu coupable de plusieurs cambriolages. Représentant un danger public, il fut ramené à Thornberg où il fut interné pour une durée de cinq ans. Il profita de ce temps pour étudier la radiotechnique par l'intermédiaire de cours par correspondance, il fut reçu à l'examen final avec vingt sur vingt (Brand a produit le document à la demande de M. Jutzeler). Le directeur de la maison de redressement se porta garant de son pensionnaire et préconisa sa libération et son hébergement provisoire à l'hospice de Breitiwyl, jusqu'à ce que le bureau de bienfaisance pour détenus libérés trouve à Brand une place adaptée à ses capacités. Cependant, Brand s'évada au bout de quinze jours en compagnie de Pulfer déjà citée, et qui semble d'ailleurs avoir été à l'origine du plan d'évasion. Cette personne boite, et c'est la pitié qui semble avoir poussé Brand à agir ainsi. Il nia que la haine envers l'établissement pour pauvres en ait été la cause, et ce, bien qu'on ait essayé de le lui faire dire.

Avant de revenir en détail, monsieur le Président, sur le règlement de l'affaire Brand par le juge d'instruction Jutzeler, je voudrais donner quelques éclaircissements sur ma position à l'égard de mon supérieur. Le Dr Max Jutzeler n'est pas aimé dans notre ville, mais la façon humaine qu'il a d'instruire les affaires lui a attiré la sympathie des accusés avec lesquels il est en contact. Quand il fut nommé à ce poste il y a deux ans, il eut à surmonter quelques difficultés liées en grande partie vraisemblablement au fait que sa femme est étrangère. Comme Jutzeler me l'a expliqué plus tard, lors de conversations intimes, il a passé deux ans au Danemark pour ses études et s'est marié là-bas. Mme Lilly Jutzeler-Jürgensen parle bien allemand, mais a du mal à user du dialecte de la région. D'autre part, elle vit très retirée. Le couple n'a jusqu'à présent pas eu d'enfants. La réserve que le couple a montrée à l'égard des habitants fut interprétée comme de l'orgueil. Je suis fier que mon supérieur m'ait considéré depuis le début comme son égal et qu'il ait été si gentil de m'inviter souvent chez lui. Dans des affaires difficiles, M. Jutzeler ne manquait jamais de me demander mon avis, j'étais en poste ici avant lui et j'avais davantage l'expérience de la population en place. Notre ville qui est le siège d'un jury d'assises a dans les environs une population essentiellement rurale et il n'est par conséquent pas étonnant que M. le Dr Jutzeler ait eu quelques difficultés à surmonter en tant que citadin et grand voyageur. Je voudrais revenir sur le comportement de M. le Procureur Schönthal qui a, depuis le début, mis des bâtons dans les roues à mon supérieur et a toujours critiqué ses résultats d'enquêtes. Comme c'est vous, cher Monsieur, qui m'avez demandé un rapport confidentiel, je suis certain que vous n'utiliserez pas mes déclarations contre moi. M. le Procureur Schönthal est tout le contraire de mon supérieur : très actif sur le plan politique, membre de diverses associations, il est originaire de notre ville et sa femme également. Il en résulte qu'il est parent avec de nombreuses familles, sa popularité est grande, lui et sa femme sont présents à toutes les occasions et Dieu sait s'il y en a. Mon supérieur est, en revanche, plutôt réservé et casanier. Il aime la musique, je précise qu'il joue du violon comme un virtuose et que sa femme l'accompagne au piano de façon remarquable. Comme j'aime moi-même beaucoup la musique, sans pour autant jouer d'un instrument, vous comprendrez que j'appréciais beaucoup les soirées que j'ai eu l'occasion de passer dans un cercle familial amical. Je me suis efforcé dans la mesure où je le pouvais d'épargner des désagréments à M. Jutzeler et j'y suis parvenu jusqu'à cette affaire Brand dont je veux vous raconter brièvement le dénouement, bien que vous en ayez déjà entendu parler par ailleurs.

Après l'interrogatoire de l'accusé, M. le Juge fut d'avis de donner encore une chance à Brand. Ses condamnations antérieures, sa vie malheureuse ne nous étaient connues que par ses propres déclarations. Officiellement, nous n'en savions rien. Je fis certes remarquer à M. le Juge qu'il était de son devoir de faire de plus amples recherches sur Brand. Mais il s'opposa à cette demande et je dus me plier à ses arguments hautement éthiques. Ils avaient une grande valeur morale dans la mesure où ils s'appuyaient sur les réflexions du philosophe Schopenhauer qui reconnaît, dans un écrit mémorable, la pitié comme étant la racine originelle de toute éthique. Mon supérieur s'est rendu coupable d'une faute de procédure en ne joignant pas les déclarations de Brand sur son passé au dossier qui fut transmis au parquet. M. Jutzeler concluait en expliquant qu'il s'agissait dans le cas présent de vol de nourriture d'un montant qui ne dépassait pas 20 francs. Le procureur, après avoir pris connaissance des dossiers, autorisa la décision du renvoi au tribunal de police devant lequel Brand fut condamné à une semaine de prison. Il fut libéré le 11. 8., rendit visite à M. le juge et reçut son soutien. Le même soir, Brand mit le feu à la grange et aux étables de l'hospice de Breitiwyl. Les dommages couverts par l'assurance se montent à 15 000 francs. Brand fut, pour ainsi dire, pris sur le fait le soir même et incarcéré à la maison d'arrêt la plus proche. Comme le méfait a été commis dans un autre district judiciaire, nous n'aurons officiellement plus rien à voir avec cette affaire. Cependant, M. le Procureur n'a pas manqué de faire reproche à mon supérieur de la façon peu scrupuleuse qu'il avait de conduire ses enquêtes, et l'a menacé de déposer une plainte auprès du tribunal administratif, une menace qu'il a mise à exécution comme l'indique votre lettre du 13 courant.

Dans l'espoir que vous saurez, monsieur le Président, apprécier les mobiles humains et éthiques de mon supérieur...

Extrait d'une lettre de Mme Lilly Jutzeler-Jürgensen à sa sœur, Inge Jürgensen, institutrice, Copenhague (sans date).

... Max me cause chaque jour davantage de souci et je n'ai pas d'amie dans cette affreuse petite ville. Tu t'étonnais déjà autrefois, quand Max fréquentait la maison, de ses « bizarreries », comme tu les appelais. Tu me racontais qu'il se lavait les mains au moins vingt fois par jour. Tu me faisais aussi remarquer la conception particulière que lui, juriste, avait de la justice. Je dois avouer que ces bizarreries ne me préoccupaient pas beaucoup, et je les ai à peine remarquées durant les premières années de notre mariage. Notre relation ne fut jamais passionnée, il me semble qu'il voyait en moi plutôt la mère. Cela a un peu changé. J'étais contente que Max cherche toujours consolation et refuge auprès de moi, et je lui donnais volontiers ces deux choses fondamentales pour lui, vu que dans ses fonctions, il devait faire valoir une autorité qui était si étrangère à sa nature. Mais depuis quinze jours, j'ai remarqué que quelque chose n'allait pas chez Max. Voici quelques exemples : nous recevons souvent la visite d'un M. Montandon, le greffier de mon mari ; c'est un drôle de gros monsieur avec une grande calvitie, un visage rougeaud et une bouche complètement cachée par une moustache hirsute. Il est vieux garçon et aime venir chez nous, parce qu'il en a assez d'être assis dans les auberges et qu'il préfère la compagnie de gens sympathiques plutôt que celle de petits-bourgeois. Il semble aussi partager notre goût pour la musique, la *Sonate pour violon en sol* de Mozart que Max joue très bien lui plaît tout particulièrement et quant à moi, je la comprends assez bien. C'était comme si — avait-il dit un jour — un homme devait assister à une danse macabre et qu'il chantait pour en chasser l'horreur. Un jugement plutôt original pour un greffier. Max n'a pas touché son violon depuis quinze jours, il me rudoie quand je m'assieds au piano et que je tapote d'un air engageant. Il me laisse la plupart du temps seule avec M. Montandon qui caresse sa grosse moustache d'un air embarrassé et cherche à m'expliquer dans un bon allemand imagé ce qui arrive à mon mari. Ce qui est bizarre dans cette histoire est que le changement qui a eu lieu chez Max est en liaison avec une affaire bien précise. Il s'est agi, comme me l'a expliqué M. Montandon, d'une sorte de vagabond que Max avait, pour des raisons incompréhensibles, trouvé sympathique et qu'il a couvert bien que cet homme méritât une punition sévère; il lui a même donné de l'argent quand il a été libéré. Ce vagabond est ensuite parti et a mis le feu à une grange et Max se sent bien sûr coupable. Il ne dort presque plus, marche de long en large dans son bureau une grande partie de la nuit, et quand il est au lit, il tient sa tête contre le mur, aux aguets, au point que je lui demande parfois, inquiète : « Max, as-tu entendu quelque chose ? » Il secoue alors la tête et me regarde avec des yeux vides. J'ai toujours l'étrange impression de parler à une moitié d'homme, la seconde vit dans un autre monde où elle prend des proportions insoupçonnées pour ensuite faire irruption dans notre monde d'ici-bas. J'ai du mal à te l'expliquer, mais toute cette histoire est compliquée.

Max a eu, en outre, beaucoup de désagréments avec son supérieur direct, le procureur Schönthal ; je ne l'ai vu qu'une seule fois et il ne m'a pas paru sympathique du tout. Imagine-toi un visage lisse, blanc, rappelant, par la couleur, de la margarine, avec, au milieu, une bouche gigantesque presque sans lèvres qui fait que M. le Procureur ressemble à une grenouille décolorée. Il aime faire l'important, fait souvent irruption dans le bureau de Max et demande à voir les dossiers en cours, probablement pour prendre Max en défaut.

Une telle méfiance finit par miner un homme sensible et consciencieux (et Max en est un). Comme ces insomnies permanentes ruinent complètement la santé de Max, nous avons décidé de consulter un neuropsychiatre. Je suis allée avec lui. Cet homme ne m'a pas plu du tout. Il était dur d'oreille, faisait l'important et posait des questions des plus saugrenues sur notre relation, parla beaucoup de complexes et de refoulement et finit par conseiller à Max d'arrêter la musique et de se mettre au dessin pour donner une forme aux images qui lui venaient à l'esprit. Il lui a dit qu'il en ressentirait un soulagement. Contre les insomnies, il conseilla des bains de pieds chauds et de la Sedormid. Rien n'y a fait. Max s'est bien acheté une boîte de pastels et dessinait parfois des nuits entières. Ses dessins feraient crever de jalousie les expressionnistes. C'était des créatures affreuses, mi-homme, mi-animal, mais rien à voir avec les centaures dociles d'un Böcklin, il s'agissait plutôt de monstres gothiques qui semblaient copiés sur un ouvrage de démonologie. Petite sœur, je suis très seule ici et les gens me sont hostiles. Je le ressens quand je traverse la rue. On ne dirait pas à voir cette petite ville qu'elle est au fond si méchante. Peut-être n'est-elle pas méchante du tout, mais c'est comme cela que je la ressens. Elle est située au bord d'un lac, on voit des montagnes blanches dans le lointain, les maisons du centre datent du Moyen Age, les trottoirs sont surélevés si bien qu'on ne cesse de descendre des marches quand on veut arriver jusqu'à la rue. Le bureau de mon mari est situé dans le vieux château sur une colline qui domine la ville ; de là, on a une très belle vue sur les montagnes proches, le lac et le fleuve qui, lorsque le soleil l'éclaire, ressemble à un serpent brillant. Certes, à cette époque, en novembre, le brouillard est partout présent et il se transforme en crachin, si bien que lorsque l'on fait une petite promenade, on revient complètement mouillé. Les gens semblent être contaminés par cette humidité : ils sont visqueux. Seuls Max et ce gros M. Montandon sont différents. Ils me semblent desséchés comme si le vent de la mer avait desséché leur âme. Ils détonnent parmi ces gens mielleux qui se donnent des airs dignes et importants quand ils vont voir le coucher de soleil sur les Alpes. Comme je te l'ai déjà dit, les autres sont d'ici, ils ont peut-être du cœur, mais comme je ne parle pas leur langue, ils me traitent comme une pestiférée. Je ne peux quand même pas aller à leurs réunions. Ils bavardent trop. La mer ne leur a jamais appris le silence, ils ont leur petit lac, ils ont leur petite politique qui fait exactement comme leur lac. On a parfois l'impression qu'il peut devenir dangereux. Mais il n'en est rien. Les bateaux miniatures avec leurs roues à aubes y circulent en toute sécurité. C'est ennuyeux, petite sœur, et à cela vient s'ajouter la peur...

Extrait du rapport du parquet au président de la chambre des magistrats du tribunal suprême (6 février 1932).

... je voudrais vous soumettre les faits suivants qui semblent corroborer la plainte que j'avais déposée contre le juge d'instruction Jutzeler et qui fut autrefois rejetée. La mesure des incorrections et des manquements grossiers dont ledit juge s'est rendu coupable me semble maintenant à son comble et j'insiste pour que cette affaire soit traitée de manière exemplaire. Je ne peux pas continuer à couvrir de mon autorité un outrage sans exemple fait à notre justice, et c'est pourquoi je demande qu'une commission investie des pleins pouvoirs examine les faits que je porte à votre connaissance.

Affaire n° 1 : le 25 janvier 1932, à Steffigen, le corps d'un vieux monsieur bien habillé a été découvert dans le cimetière du village. La commission d'enquête composée du juge d'instruction Jutzeler, de son greffier Montandon et de l'inspecteur de police Studer ordonna le transport du corps à la morgue. Comme deux omnipraticiens ont refusé de procéder à l'autopsie sous prétexte qu'ils ne pourraient pratiquer aucun accouchement pendant les vingt-quatre heures qui suivraient l'autopsie, le Dr Sieber de cette ville fut appelé et c'est lui qui procéda à l'autopsie. Il déclara que le décès avait été causé par une balle en plein cœur. Le juge d'instruction Jutzeler aurait déclaré d'emblée qu'il s'agissait de toute évidence d'un suicide bien que le Dr Sieber lui ait dit que c'était impossible : les vêtements de la victime étaient non seulement intacts, mais de plus, la chemise, le gilet, la veste et le manteau avaient été reboutonnés par une main étrangère et il n'était pas concevable qu'un homme avec une balle dans le cœur soit encore capable de rajuster ses vêtements. Le juge d'instruction Jutzeler rabroua le médecin en lui disant qu'il devait se contenter de dicter le procès-verbal d'autopsie et que les conclusions judiciaires étaient du ressort de la commission d'enquête. Le Dr Sieber ne tarda pas à me faire part du manquement regrettable de mon subordonné. Cependant, il était déjà trop tard. Les recherches sur les lieux du crime — de toute évidence, et mon point de vue rejoint tout à fait celui du Dr Sieber, il s'agissait dans ce cas d'un meurtre — ont été mal faites et d'éventuelles traces de pas ont été effacées. Même l'identité de la victime n'a, jusqu'ici, pas été relevée. Mais M. le Juge d'instruction s'obstine jusqu'à ce jour à affirmer qu'il s'agit d'un suicide. Malgré l'impossibilité d'arriver à une telle conclusion, le juge m'expliqua qu'il avait des indices précis, que c'était lui qui menait l'enquête et qu'il ne tolérerait pas qu'un tiers se mêle de l'affaire.

Affaire n° 2 : Blum Christian, manœuvre, sans casier judiciaire, fut arrêté il y a deux mois pour un vol d'un montant de dix francs qu'il avait apparemment commis en état d'ivresse. Bien qu'un tel délit soit passible de dix jours de prison maximum et sûrement avec sursis, l'homme est en détention préventive depuis deux mois et il n'a depuis sept semaines pas été amené une seule fois devant le juge. L'homme a une femme et deux enfants, la population est en émoi, car Blum était estimé. Tout commentaire sur cette affaire est superflu, surtout quand on prend en considération l'attitude du juge d'instruction dans l'affaire Brand.

Dans l'attente d'une résolution prochaine...

(sans date)

Cher monsieur Montandon,

Venez et aidez-moi. Mon mari s'est enfermé depuis hier midi, je n'ai pas pu entrer dans son bureau. Il ne répond pas et n'a rien mangé. Déjà, les jours précédents ont été affreux. Pourquoi n'êtes-vous pas venu ? Je ne sais vers qui me tourner. Venez, s'il vous plaît, aussi tôt que possible.

Votre dévouée Lilly Jutzeler.

Extrait du deuxième rapport confidentiel du greffier Montandon au président de la chambre des magistrats, etc. (14 février 1932).

... en vous adressant à moi pour être informé du malheur qui a frappé mon très honoré supérieur, le Dr Max Jutzeler, vous me témoignez, cher monsieur, une confiance qui m'honore.

Après avoir reçu, le 12 février, la lettre ci-jointe non datée de Mme Jutzeler-Jürgensen, j'eus l'explication de certaines bizarreries que je n'avais pas pu m'empêcher de remarquer dans le comportement du juge les jours précédents. Je m'étonne d'ailleurs, soit dit en passant, que M. le Procureur Schönthal n'ait pas remarqué ces anomalies. Il est toujours difficile pour un subordonné de faire les démarches adéquates dans ce genre d'affaire. Les préjugés qui pèsent encore aujourd'hui sur la maladie mentale sont trop grands pour que l'on puisse prendre soi-même les mesures nécessaires. La lettre de Mme Jutzeler me fut remise par un coursier au bureau, dont mon supérieur était absent depuis déjà deux jours. Il m'avait téléphoné pour me dire qu'il ne se sentait pas bien et qu'il devait garder le lit. Je dois dire que j'ai mis en relation les bizarreries du comportement du Dr Jutzeler avec cette indisposition (pour autant que je sache, certaines maladies infectieuses peuvent provoquer dans leurs débuts des modifications de la personnalité). En lisant la lettre de Mme Jutzeler, j'entrevis une autre possibilité plus probable et je décidai donc de téléphoner à un médecin d'un établissement hospitalier des environs pour lui demander de bien vouloir examiner un cas urgent et de venir en tout cas en compagnie de deux infirmiers. Je me rendis ensuite au domicile du juge. Sa femme me reçut à la porte d'entrée. Elle savait bien cacher la peur qu'on lisait dans sa lettre. Elle me demanda seulement d'éviter tout incident et d'amener son mari à quitter enfin son bureau. Elle avait passé la nuit devant la porte close, avait frappé, l'avait supplié de la laisser entrer, mais en vain. Elle n'avait entendu aucun bruit dans la pièce. Je me rendis à la porte de son bureau, j'appelai plusieurs fois le juge par son nom, mais sans succès. J'ai regardé par le trou de la serrure, mais la clef était dedans. Je ne voulais pas appeler de serrurier, car je craignais que le bruit qui en résulterait ne nuise aussi à la santé de Mme Jutzeler. Comme je suis assez corpulent (je pèse, au cas où cette information vous intéresserait, très honoré Président, presque deux demi-quintaux) et comme la porte était tout à fait ordinaire, pas spécialement solide, j'ai pris un petit élan et elle s'est ouverte. Le bois a un peu éclaté, mais les dommages ne sont pas trop grands. Vous devez excuser l'humour un peu forcé des phrases précédentes, mais je ne peux pas vous décrire sans réticence le spectacle qui s'offrit à mes yeux.

La première chose que je vis fut un dessin qui, me sembla-t-il, avait des dimensions gigantesques (en l'examinant de plus près, je m'aperçus qu'il avait la taille d'une feuille à dessin normale, 65 x 50 cm), accroché par quatre punaises au-dessus du bureau. Il représentait un énorme triton blanc avec une face et des bras humains. Le monstre tenait dans ses bras une multitude de créatures humaines funestes dont les visages, bien que petits, étaient facilement reconnaissables. Au premier rang, on reconnaissait Brand dont je vous ai fait autrefois un compte rendu de l'affaire. Plus loin, il y avait le monsieur bien habillé du cimetière à propos duquel le parquet a porté plainte. On reconnaissait aussi Christian Blum. Le visage du triton qui dominait les autres figures en souriant ressemblait à s'y méprendre à notre procureur Schönthal. Longtemps, je n'ai pu détacher mon regard de cet étrange dessin qui, malgré ses couleurs vives (le fond était d'un vert violent mélangé à du bleu alors que les petits bonshommes étaient tous drapés de manteaux rouge sang), était comme figé, mort.

A ce moment-là, j'ai entendu un petit cri poussé par Mme Jutzeler. Le juge était appuyé au mur face au dessin. Quand je dis qu'il était appuyé, je ne m'exprime pas en termes exacts. Il était debout, pieds nus, les talons à environ dix centimètres du mur et seule sa tête touchait le mur si bien que son corps était de travers, un peu comme un lit contre un mur. M. Jutzeler devait avoir gardé la même position pendant des heures, c'est ce qu'il m'a semblé, tout au moins. Ses mains étaient posées à plat sur sa poitrine. C'est à grand-peine que j'ai pu détacher le corps ; je l'ai porté sur un divan et j'ai informé Mme Jutzeler que j'avais pris la liberté de demander l'assistance d'un psychiatre. Elle accueillit la nouvelle avec beaucoup de sang-froid...

Extrait du rapport de l'hôpital... au président de la chambre des magistrats, etc. (1er mars 1932).

... la période latente peut s'étendre sur une période plus longue, mais les symptômes sont évidents pour un spécialiste. Dans le cas du patient en question, on a d'emblée suspecté une schizophrénie latente et ceci a aussi frappé le médecin consulté lors d'une évocation de son passé. L'instabilité de la vie passée de cet individu, son isolement, ses réflexions sur des problèmes philosophiques difficiles, son exaltation difficilement conciliable avec la réalité quotidienne pour tout ce qui touche à une idée abstraite de la justice font d'emblée penser à un cas de schizophrénie. Le diagnostic est confirmé par les dessins du malade qui montrent clairement la perte de la réalité décrite par Bleuler. L'habitus corporel dudit malade est asthénique, ce qui d'après les recherches de Kretschner confirme qu'il est à ranger dans la catégorie des schizophrènes. Je vous livre, monsieur le Juge, quelques extraits de son journal qui vous donneront une image du dédoublement psychique de cet homme :

« 5 août. Affaire Brand. Il me semble que cet homme a systématiquement été poussé au désespoir. Je sais que j'ai juridiquement mal agi, mais ça m'est égal. Lequel des deux est le plus important ? Le droit ou l'humanité ? L'humanité, la pitié à l'égard d'un homme persécuté depuis sa jeunesse me semble de la plus grande valeur et même un devoir. » (Remarque de l'expert : notez, je vous prie, le ton affecté de l'exposé, c'est aussi un symptôme qu'il ne faut pas sous-estimer.) « En fait, j'ai procédé à une suppression : j'ai supprimé le procès-verbal qui concernait le passé de l'homme en question. Je lui donnerai de l'argent. Si j'avais la foi, je prierais avec lui, et je suis sûr que je guérirais les blessures qui le tourmentent. Car la souffrance peut, elle aussi, amener un homme à enfreindre la loi.

« 12 août. Brand a mis le feu à une grange. Il a voulu se venger, c'est ma faute. Pourquoi n'ai-je pas amené cet homme à me raconter ce qui s'était passé dans cet établissement ? Il lui est sûrement arrivé moins de choses qu'à la femme qui est partie avec lui. Et il a bien agi par pitié. Je me représente bien les choses : il a parlé avec elle, une fois, deux fois, les gens ont jasé. Un jour, ils ont fait une promenade et quelqu'un les a vus. La fille n'a pas osé rentrer. Et il est parti avec elle. C'est en fait un gars courageux. On enferme les gens pendant des années sans qu'ils voient une femme et a fortiori sans qu'ils puissent lui parler. D'ailleurs, savons-nous ce qui se passe chez ces hommes ? Nous nous opposons toujours à eux en tant que représentants du pouvoir, jamais d'égal à égal, comment pouvons-nous exiger qu'ils nous disent la vérité ? Nous leur crions dessus, nous les punissons, que voient-ils en nous ? Jamais un ami. Je sais que la pitié ne coûte pas cher. Mais comment les aider ? Comment trouver le chemin pour se mettre à leur niveau ? Conclusion : je suis coupable de l'incendie, j'expierai ma faute.

« 1er septembre. J'ai un drôle de mal de tête. Il se déplace. Et on dirait qu'il veut s'en prendre à mes yeux. Les gens me paraissent pleins d'ombres, les maisons sont irréelles. Seul mon greffier, le vieux Montandon, me semble encore vivre, les autres sont tous des fantômes qui errent comme des morts et ne le savent pas. Je dois me trouver une punition.

« 10 septembre. Je n'ai plus envie de jouer du violon, il me semble qu'il est vivant et qu'il parle. Le piano aussi parle. Et leur langage est incroyablement grossier. Je ne veux pas relever ces grossièretés. Lilly est si froide avec moi, elle est sûrement de mes ennemis et veut me séduire par le langage de la musique et me conduire à la folie. Un neuropsychiatre m'a conseillé de dessiner. Je le fais. C'est très douloureux, car mon mal de tête s'aggrave quand je dessine. Mais je ressens ensuite un étrange soulagement et j'arrive à dormir une heure ou deux. C'est comme si les monstres que je dessine, sitôt mis sur le papier, devenaient des adversaires à combattre au lieu de rester invisibles en moi ou dans les murs où ils chuchotent inlassablement des choses que je ne veux pas écrire.

« 6 novembre. Montandon m'a toujours soutenu et maintenant il me rejette en faisant courir des bruits désagréables. Quand il est assis à sa machine à écrire, je sens qu'il cache quelque part une machine électrique avec laquelle il me prépare des coups sournois.

« 6 décembre. Je ne serai sauvé que lorsque je pourrai dessiner mon grand ennemi, l'adversaire. Il a un visage de grenouille et un corps de triton et il écrase tous ceux qui l'approchent. Il m'espionne toujours dans mon bureau, car il voudrait trouver la source, la source qui me donne un pouvoir sur lui. Et il ne sait pas qu'il s'en approche souvent : mes crayons ! On a amené aujourd'hui un ouvrier, Blum. Un grand criminel bien qu'il n'ait apparemment volé que dix francs. Mais je finirai bien par le démasquer. C'est au moins un meurtrier. C'est un ennemi, un envoyé de la force destructrice qui ne connaît pas la pitié. On dit aussi qu'il bat sa femme et ses enfants. Nous le garderons un moment au "violon" comme on dit. Mon ennemi juré aura de la peine à le retrouver.

« 25 janvier 1932. J'ai toujours des insomnies, et quand je dois aller le matin au bureau, les rues me font l'effet de décors de théâtre et Lilly qui est encore au lit quand je pars ressemble à un cadavre, elle ne sait pas qu'elle est déjà morte. Car ma mère aussi est morte. Mais je ne veux pas parler de ma mère. C'est... c'est...

« Ils ont trouvé un cadavre au cimetière. Le médecin qui a pratiqué l'autopsie m'a fait comprendre qu'il s'agissait d'un meurtre. Bien sûr que c'était un meurtre. Mais à quoi ça sert que je trouve le meurtrier ? Et que je le livre à la machine à la tête de grenouille et au corps de triton ? Elle l'enfermera pendant des années et qu'est-ce qu'on y gagnera ? Rien. A moi la vengeance, dit le Seigneur. L'adversaire a voulu me convertir aussi à la théorie du meurtre. Je lui ai ri au nez. J'ai parlé de suicide, comme ça l'affaire est réglée.

« 12 février. J'ai vu l'adversaire. Et je veux le dessiner comme il m'est apparu, avec toutes ses victimes. Et ensuite, je le combattrai avec mon regard. Pendant deux jours, et en jeûnant. Et je n'irai pas voir Lilly, elle m'en empêcherait. »

Après ces citations, je suppose que vous pourrez comprendre, monsieur le Président, mes explications futures. J'en arrive bien sûr à la conclusion que...

La chambre des magistrats, etc., après avoir entendu le Dr..., pris connaissance des plaintes déposées par..., et s'appuyant sur le rapport d'expertise, décide :

De suspendre pour une année Jutzeler, Max, fils de Alfred et Marie Hoffman, né le 6. 6. 1893, marié à..., juge d'instruction, pour cause de maladie. Après écoulement de ce délai, il faudra procéder à une seconde expertise psychiatrique, à la suite de laquelle de nouvelles décisions seront prises...

Le président de la chambre des magistrats du tribunal suprême au parquet du district (10 mars 1932).

... nous nous sommes irrités de vos plaintes répétées contre le juge d'instruction Jutzeler, aujourd'hui encore interné à R..., et ceci d'autant que le greffier dudit avait lui aussi constaté des anomalies dans son comportement et que vous auriez pu vous renseigner auprès de lui. On attend des juristes qu'ils aient une connaissance, si minime soit-elle, des questions psychologiques et votre conduite, de l'avis des experts psychiatres aussi, est inqualifiable. En conséquence, nous vous recommandons de vous dispenser à l'avenir de faire part de vos suspicions à vos autorités supérieures, sinon...

La chambre des magistrats du tribunal suprême de Berne à Mme Jutzeler (11 mars 1932).

Chère madame Jutzeler,

C'est à grand regret que j'ai appris le malheur qui a frappé votre mari, le Dr Max Jutzeler. Soyez sûr que je compatis à votre douleur et que j'admire votre courage mis à rude épreuve, en tant qu'étrangère au milieu d'une population qui vous est hostile. Quand vous aurez quelque peu surmonté le chagrin que vous a causé la maladie de votre mari, je serais très heureux de pouvoir venir vous saluer. Je garde un bon souvenir de M. Jutzeler, il m'a procuré dans sa jeunesse beaucoup de plaisir en jouant du violon. Vous devez considérer, chère madame Jutzeler, que nous portons tous en nous notre destin, et le destin de votre mari était probablement inévitable. Tout au moins les recherches les plus récentes vont-elles dans ce sens. Que certains manques d'égards de la part d'une personne que je ne veux pas nommer ici aient favorisé l'apparition de la maladie, qu'ils aient été, comme on dit dans les milieux spécialisés, la cause déclenchante, de cela vous devez prendre votre parti. Nous sommes ce que nous sommes, c'est un fait et il y a des antagonismes qui sont si violents qu'ils finissent en général par provoquer l'effondrement catastrophique de l'une des deux parties.

Je voudrais, pour conclure, vous assurer de mon profond respect et j'espère que ces quelques paroles vous apporteront quelque consolation. J'essaierai de rendre visite à votre mari dès que mon emploi du temps plutôt surchargé me le permettra, et je suis convaincu de le trouver sur la voie de la guérison. N'oubliez pas qu'il a en vous un soutien essentiel.

Avec mes respectueuses salutations, je reste votre dévoué

Dr H. Fehlbaum.

Deuxième extrait d'une lettre de Mme Lilly Jutzeler à Mlle Inge Jürgensen, Copenhague.

... il me semble que les temps difficiles sont passés. Quand j'ai rendu visite à Max la dernière fois à l'hôpital, il m'a reconnue, il a mangé le raisin que je lui avais apporté, m'a souri timidement et a dit : « J'ai toujours cru que tu voulais m'empoisonner. » Le médecin nous avait donné une pièce pour nous tout seuls, un gardien attendait devant la porte au cas où Max aurait eu une crise. Mais il était doux comme un enfant. J'ai renvoyé le gardien. Et je suis restée assise à côté de Max. Soudain, il a posé sa tête sur mes genoux et a pleuré. Je lui ai caressé les cheveux. Le médecin auquel j'ai parlé plus tard, un grand homme en blouse blanche, avec un sourire à la fois froid et chaleureux, m'a dit des choses étranges. Il m'a dit que les souvenirs d'enfance, particulièrement les liens avec la mère, étaient parfois si forts que... Mais c'est trop difficile à dire. Son pronostic est optimiste. Ces gens ne peuvent jamais s'exprimer sans leur jargon et on pourrait croire qu'ils ne sont heureux que lorsqu'ils peuvent aligner le plus de mots bizarres possible. A part cela, ils sont tout à fait humains. Je crois que l'état de Max s'améliorera vite. Je ne devrais certes pas m'attendre à cette chose compliquée qu'ils appellent une *restitutio ad integrum*, comme les gens disent ici (Dieu soit loué, je n'ai pas oublié tout mon latin, ils entendent, en effet, par là une guérison complète). Max devra vivre quelque temps à la campagne et faire un travail physique. C'est le mieux pour lui. Grâce à l'obligeance du Dr Fehlbaum qui a réussi à faire en sorte que le salaire de mon mari continue à être versé, nous n'aurons pas de problèmes financiers. Mais tu sais, je revois encore ce tableau : Max dans son bureau devant cet affreux dessin multicolore qu'il regardait fixement. La science est certes une belle chose, mais...

Le caporal voyant

Le père Matthias était alsacien et vivait depuis trois ans à Géryville, un endroit isolé de tout ; la gare la plus proche, Bouk-Toub, était à environ cent quarante kilomètres. Mais le père Matthias se satisfaisait de cette solitude. C'était un petit homme mince et maladif ; on aurait dit que le large manteau blanc qu'il portait sur ses membres décharnés était posé sur un chevalet. La chéchia rouge, cette coiffure en forme de cône aplati, qui était posée sur sa tête d'oiseau, donnait à celle-ci des proportions grotesques.

Géryville est situé sur un haut plateau, en plein cœur de l'Algérie, et le plateau lui-même est à mille cinq cents mètres au-dessus du niveau de la mer Méditerranée comme l'indique une colonne de pierre qui se dresse au milieu de la cour de la caserne. La caserne elle-même est construite dans un style mauresque inventé par les Français avec beaucoup d'arcs en forme de fer à cheval non décorés, et une terrasse qui n'est utilisée par personne. On le conçoit : en hiver, des tempêtes de neige comme on en voit peu d'aussi violentes dans les Alpes s'y déchaînent ; et en été, le soleil tape avec une violence telle qu'aucun des officiers n'a envie d'aller y attraper une insolation. Les intersaisons, telles que nous les connaissons, le printemps et l'automne, n'existent pas à Géryville. Le climat est contrasté et a contraint les habitants à s'adapter à son rythme. Les habitants sont en effet d'une race qui n'a que très peu de ressemblances avec celle des autres habitants de l'Algérie. Ils sont restés exceptionnellement purs et non mélangés. Il y a peu de bâtards et il n'y a pas de mulâtres comme c'est si souvent le cas dans le bas pays. Les autochtones ont les traits nobles et finement dessinés, et leur couleur de peau est d'un jaune ivoire presque transparent qui apparaît parfois blanc sous l'effet du soleil.

L'inutilité de sa tâche aurait sûrement déçu le père Matthias s'il avait été plus jeune. Son assistant, un jeune Breton de Quimper, avec des épaules carrées et une tête qui semblait faite de bois dur, ne cachait pas sa déception. Certes, les habitants de la petite ville envoyaient bien leurs enfants à la mission (une construction basse en brique sèche sur des fondations en pierre), les manteaux neufs que les pères distribuaient y étaient pour quelque chose. Mais aucun des petits ne songeait à accepter la foi de l'Eglise catholique sans laquelle il n'est point de salut. Dès que les garçons étaient devenus adolescents, ils ne voulaient plus entendre parler de leurs deux guides spirituels, car ils avaient peur de leurs propres prêtres et de leurs parents. Il n'y avait jamais eu un seul renégat à Géryville.

A ce sujet, le père Matthias s'était forgé une philosophie personnelle. « Tous ceux qui viennent vers nous, expliquait-il au père Marc, sont des créatures de Dieu. C'est notre devoir de les aider. Quand, malgré tous nos efforts, ils se refusent à entrer dans le repos éternel, ce n'est pas tant un signe de fierté, ce qui serait pour nous un péché mortel, qu'une force de résistance qui en tant que loi de la nature a été établie par Dieu. Une rupture de cette force tiendrait du miracle et nous nous rendrions coupables du péché de fierté si nous exigions une telle rupture des lois naturelles de Dieu. Nous devons faire preuve de modestie et d'humilité, tout comme le semeur qui sème ses graines et qui, après avoir fait tout ce qui était en son pouvoir pour favoriser leur levée, laisse au Seigneur le soin de veiller sur le germe. »

Le père Marc écoutait ces explications la bouche ouverte, le don oratoire ne lui avait pas été donné et il admirait son aîné qui savait si bien aligner les mots « comme des perles sur un fil ». Marc aimait cette expression, c'était sûrement une réminiscence de sa formation de séminariste et il partait d'un rire tonitruant quand le père Matthias répondait à sa remarque par une citation latine : « *Ne margaritas ante porcos*[1]. »

Il arrivait cependant qu'une âme se laisse prendre dans les filets du père. Il y avait chaque année, à la caserne, un bataillon de la Légion étrangère. Et comme le père Matthias avait installé une petite salle de lecture dans sa maison, il arrivait souvent que des légionnaires viennent dans cette salle ; c'était la plupart du temps les meilleurs, ceux qui préféraient un livre ou une revue au litre de vin ou à la putain. En hiver, la pièce était chauffée, et en été, on gardait l'air frais en aspergeant régulièrement le sol. En outre, le père était un fumeur invétéré et les légionnaires pouvaient être sûrs d'y trouver toujours suffisamment de tabac et de

1. En latin dans le texte : « Pas de perles pour les porcs ». *(N.d.T.)*

papier à cigarettes. Toutefois, aucun des deux missionnaires ne s'imposait aux visiteurs. Le père Matthias surtout savait leur expliquer qu'il était toujours prêt à avoir une conversation sérieuse avec eux ; il était là si on avait besoin de lui, expliquait-il ; ensuite, il disparaissait dans la pièce à côté dont la porte restait ouverte et attendait que le visiteur ait envie de se confesser. Alors, il écoutait en silence et souriait d'un sourire curieusement abattu quand son interlocuteur lui débitait des mensonges vraiment trop gros. Il savait que ses visiteurs ne devenaient honnêtes qu'au bout d'un temps assez long : venait d'abord la période où ils essayaient de faire impression sur le confesseur ; les uns par des coups du sort inventés, les autres par des vices exagérés. Mais même en présence de mensonges manifestes, il ne fallait pas perdre patience ; il était si facile d'effaroucher une âme qui commençait à prendre confiance ! Ce besoin de parler devait être, au contraire, entretenu ; les mensonges perdaient ainsi leur utilité. Il y avait bien des jours où le visiteur parlait peu, où il parlait du temps et des événements quotidiens. Là aussi, il fallait jouer le jeu, parler de choses aussi futiles que l'autre jusqu'à ce qu'il oublie complètement la présence du confesseur. A cette période, on pouvait l'emmener une fois à la messe basse qui avait lieu dans une petite pièce arrangée en chapelle, cela ne pouvait pas lui nuire.

Le père Marc jouait assez bien de l'harmonium et un vieux Français invalide faisait office de servant de messe. « Un office divin fait l'effet d'un calmant », expliquait le père Matthias à son assistant. « Qui a ressenti une fois ses bienfaits ne peut plus s'en passer quand il ressent de nouvelles douleurs. "L'opium du peuple", disent certains méchamment. Et pourtant, toute la médecine irait au diable si elle n'avait pas l'opium. Et sans la religion, les âmes n'iraient même pas vers le diable, mais vers la douleur, la peur et la crainte. Nous ne voulons pas nous laisser dérober notre opium. »

Après la période de l'hébétude, ainsi que le père Matthias appelait cette seconde période, le patient oubliait un soir, au cours de la conversation, la présence de son interlocuteur. C'était alors la victoire du père Matthias : un grand désespoir se faisait jour chez l'autre; l'homme sanglotait et gémissait, maudissait sa vie, sa vie ratée, et implorait la mort. A ce stade, chaque personne avait un comportement différent. Les calmes se comportaient le plus souvent de la façon la plus agitée, tandis que les bavards et les fanfarons cherchaient d'abord à compenser le désespoir vrai par une attitude arrogante. Dans ces cas-là, le père Matthias perdait patience, se moquait du malhonnête et le jetait dehors; cette cure brutale produisait parfois ses effets, le pêcheur revenait et faisait pénitence; dans les autres cas, le père Matthias se contentait de hausser les épaules.

Ce fut aussi le père Matthias qui découvrit le premier les étranges pouvoirs du caporal Collani. Si celui-ci avait suivi les conseils de son père spirituel, il aurait épargné de grandes souffrances à beaucoup de ses camarades ainsi qu'aux habitants. Mais le besoin de se mettre en avant le stimulait : il ne voulait pas passer à côté de la gloire à laquelle il pensait pouvoir prétendre en récompense de ses capacités, et il aurait sûrement sombré dans la misère ou serait passé en cour martiale avec tous ceux qu'il avait attirés dans cette folle histoire si le vieux père ne l'avait en fin de compte tiré à sa manière des griffes du diable.

Le caporal Collani était employé comme aide du fourrier au bureau de la compagnie d'infanterie. Comme il était trop vieux et trop faible pour effectuer toute autre tâche, c'est le capitaine Pécoud, un ancien garçon de café qui s'était distingué pendant la guerre, qui l'avait placé à ce poste. Mais petit et chétif, sans muscles, avec un corps laid et un visage laid, Collani n'avait pas la vie facile sous les ordres du sergent-major Dutreuil (ancien employé des wagons-lits sur le P.-L.-M.) et du fourrier Levithan, un Juif allemand aux jambes arquées (ancien secrétaire particulier de Stinnes[1], disait-il, ancien chamache[2] à Strasbourg, comme le disaient ses ennemis). Ils le taquinaient au sujet de sa calvitie, lui versaient du poivre dans son vin ou de la cendre de cigarette dans sa nourriture quand ils étaient assis ensemble au mess des sous-officiers. Collani était un peu protégé par le capitaine, car c'était un vieux soldat, il avait treize ans de service à son actif et ne s'était engagé dans la Légion que pour gagner les trois années qui lui manquaient pour aller jusqu'à la retraite. Il était trop malade et trop vieux pour le service armé. Sans ses deux bourreaux, il aurait pu mener une vie heureuse, car ses nombreuses années de service lui garantissaient une bonne solde. Il était aimé dans la compagnie : il n'était pas avare. Il aimait surtout inviter les jeunes gens à boire un coup et il distribuait généreusement des cigarettes.

Il était allé vers le père Matthias assez tardivement et ne l'avait fait qu'à contrecœur. Le père apprit petit à petit que Collani avait fait le séminaire et qu'il avait

1. Industriel allemand et député nationaliste (1870-1924). *(N.d.T.)*

2. Equivalent du sacristain dans la religion juive. *(N.d.T.)*

même reçu les premiers ordres d'un sous-diacre. Mais il avait ensuite suivi le mauvais chemin, il s'était enfui et avait réussi à s'en sortir avec des cours particuliers, jusqu'à ce que de nouvelles affaires l'aient opposé à la police. Il était resté deux ans en prison. Puis il était entré dans la Légion sous un faux nom, il s'était distingué et était devenu l'ordonnance d'un colonel. Grâce à la protection de celui-ci, il avait été muté, au début de la guerre, dans l'armée régulière ; il reçut la médaille militaire et la croix de guerre avec deux palmes et quatre étoiles. A la fin de la guerre, il était à nouveau entré dans la Légion.

La confession de Collani se déroula dans l'ensemble plus calmement que les confessions auxquelles le père était habitué. Mais cette tranquillité avait justement quelque chose de tout à fait inquiétant : Collani était assis raide sur sa chaise, ses mains maigres et veineuses étaient posées à plat sur ses cuisses et ses yeux jaunes (l'iris était jaune et la cornée légèrement plus claire) grands ouverts comme ceux d'un oiseau de nuit fixaient un point lointain. Pour ces yeux, le mur devait être vraiment transparent, car Collani arrivé au bout de sa confession, au lieu de se taire, continua sur le même ton :

« Pourquoi Mamadou prend-il le drap qu'il y a sur le lit et le cache-t-il sous son manteau ? Ah, il veut le vendre à la ville, le chien. Et je suis responsable des marchandises du magasin. Maintenant, il descend les escaliers et traverse la cour jusqu'à la grille. Bien sûr, il n'ose pas passer devant la garde. Bielle l'attend à la grille, prend le drap et s'en va. Où va-t-il ? Où va-t-il ? »

Collani parlait sur un ton élevé et plaintif, si bien que le père Marc passa par la porte entrebâillée sa tête taillée dans le bois, entra doucement et s'arrêta devant celui qui parlait. Mais Collani ne sembla même pas voir le nouveau venu, il continua à débiter ses paroles sur un ton monocorde et d'une voix nasillarde comme un perroquet.

Le père Matthias, content de ne plus se trouver seul avec cet invité si inquiétant, se leva, saisit son pénitent par les épaules et le secoua en disant à bout de souffle : « Réveille-toi, mon enfant ! Tu es possédé, ne fléchis pas, bats-toi ! C'est le mal, les interdits qui te narguent, lutte, mon enfant, lutte ! » Mais les conjurations du vieux n'y firent rien, le père Marc dut réprimer un sourire, car les deux hommes ressemblaient à deux vieux oiseaux plumés, deux oiseaux fantastiques des temps anciens ; les plis de la soutane blanche du père se gonflaient comme des ailes, et l'étoffe du manteau vert réséda de Collani, qui lui était trop grand, se détachait du dos et avait pris la forme de deux ailes. Le petit caporal s'était levé, il se tenait raide dans la pénombre de la pièce et brandissait une main menaçante en direction d'un être invisible. « Ah, tu veux vendre le drap à un Juif de la ruelle ? Attends un peu, je te démasquerai bien ! Demain, tu verras de quel bois se chauffe Collani. Tu crois que je t'ai toujours offert des cigarettes pour que tu ailles vendre aux enchères ce qui appartient à l'armée ? Je vais t'apprendre ! » La colère fit chanceler sa voix. De grosses gouttes de sueur perlaient au-dessus des sourcils épais du petit homme.

Le père Matthias parut déconcerté par l'effet étrange produit par la confession. Il secoua la tête, se tourna vers son assistant et lui demanda doucement : « Que crois-tu que cela signifie ? Il me semble que je suis au bout de mon latin. Quelle force mystérieuse a donc soudain saisi cette âme ? Est-ce la force de Dieu ou du diable ? Il voit à travers les murs ou croit pouvoir le faire. Nous devons avant tout vérifier si ce qu'il a dit est vrai ou s'il a été victime d'une illusion. »

Collani était retombé sur sa chaise et regardait devant lui d'un air indifférent ; il semblait avoir tout oublié, son entourage comme ces dernières paroles. Le jeune père Marc était plus étonné par les questions du vieux que par la scène à laquelle il venait d'assister, et qu'il n'avait pas encore très bien comprise. « Peut-être n'a-t-il fait que jouer la comédie ? » dit-il ensuite sur un ton méprisant, mais le vieux père secoua la tête d'un air soucieux. « Non, non, soupira-t-il. C'était de la voyance authentique, crois-moi. » Collani se leva avec difficulté de sa chaise. Il sembla soudain remarquer que la soirée était déjà bien avancée. Peut-être l'appel lointain d'un clairon l'avait-il tiré de ses rêvasseries. Son visage paraissait fatigué et décomposé quand il se dirigea vers la porte.

« Que t'est-il arrivé, mon ami ? lui demanda le père d'une voix tremblante. Te souviens-tu de ce que tu as vu ?

— Vu ? » Collani appuya sur le mot, sa voix était rauque. « Vu ? Je n'ai rien vu. Mais je sais que Bielle a vendu ce soir un drap trois francs au Juif de la petite ruelle. Demain, je le dirai au capitaine. »

Il grommela un « Bonne nuit » et s'éloigna en faisant claquer ses chaussures à clous sur le pavé.

Quand Collani rentra à la caserne par cette fraîche soirée d'avril, il était morose. Un sentiment de révolte montait en lui parce qu'il s'était laissé aller à une confession. Qui l'avait obligé à déterrer des choses enfouies depuis longtemps pour s'en mêler ? Les souvenirs d'enfance avaient-ils encore tant de force qu'ils pouvaient resurgir après tant d'années ? Avait-il donc quelque chose à regretter ? Il avait, lui semblait-il, tout gagné par son travail. Avait-il besoin d'actes, de gestes et de paroles qui le délivrent de ses péchés ? Devait-il vraiment faire la paix avec le ciel ? Il méditait d'un air vague. Mais quand il passait en revue toutes ces réflexions et toutes ces interrogations, il lui semblait toujours qu'il oubliait quelque chose de très important qui n'avait rien à voir avec son passé, mais qui appartenait au présent immédiat. Il ne voyait cependant pas clairement en quoi consistait ce présent. Il se souvenait bien du vol du drap, mais ne faisait pas la relation avec ce qu'il cherchait. Il essaya en vain de se rappeler qui avait bien pu lui raconter cette histoire, ça devait être un témoin digne de foi, sinon, pensait-il, elle n'aurait pas pu subsister sans doutes dans sa mémoire.

Quand il traversa la cour sombre, il était tellement perdu dans ses pensées qu'il n'entendit aucun des appels qui lui étaient adressés. Il arriva au bureau, une pièce dépouillée avec, dans un coin, près de la porte, son lit. Contre la fenêtre qui donnait sur la nuit claire, s'élevaient des monceaux de papiers. Une odeur de papier poussiéreux et d'essence flottait dans l'air. Collani alluma la lampe. Le cylindre de verre cliqueta doucement dans le silence. Mais le solitaire prit peur quand un doigt frappa à la fenêtre. Un visage maigre se pressa contre la vitre et quelqu'un lui fit un signe de la main. Collani repoussa le verrou. Il reconnut Stahl, un Allemand, et tout à coup, il se souvint : Stahl était allongé dans sa chambre avec Mamadou le Nègre et le chef de chambrée de Stahl était Bielle, le caporal Bielle, un Français avec une moustache rouquine, celui qui était allé en ville avec le drap. Tout à ses pensées, Collani se frotta le front et n'entendit pas les premières paroles que Stahl lui chuchota en vitesse : « Maintenant, je sais pourquoi Bielle a toujours de l'argent. Ce soir, je l'ai suivi. Il est parti en ville avec un drap. C'est Mamadou qui le lui a donné en cachette. C'est à toi que j'ai voulu le dire en premier parce que tu me donnes toujours des cigarettes. Mais demain, j'irai voir le capitaine. Il a bien promis une récompense à toute personne qui dénoncerait un vol, n'est-ce pas ? Qu'en penses-tu ? » Collani ne bougeait toujours pas. Le corps un peu voûté, il regardait par la fenêtre. Ses yeux d'oiseau ne bougeaient pas. Qui donc lui avait déjà raconté cette histoire ?

« Je sais déjà tout cela, murmura-t-il.

— Alors quelqu'un m'a devancé, s'empressa de dire Stahl et les mots se bousculaient dans sa bouche. Mais ce n'est pas possible. Depuis que Mamadou est allé à la grille, j'ai attendu ici devant ta fenêtre, car je voulais être le premier à te raconter l'affaire. Quelqu'un te l'a-t-il dit en chemin ? Parle ! Quelqu'un t'a intercepté en route. Mais qui ? Les autres de ta chambrée sont tous à la cantine, parce que Despiaux a reçu de l'argent de chez lui. Je suis le seul à être resté dehors. Tu es retourné chez les pères blancs, n'est-ce pas ?

— Ça va, ça va. Ne parle pas tant ici. »

Collani fouilla dans un tiroir de la table, sortit un paquet de cigarettes et le tendit à Stahl.

« Et maintenant, va dormir, les choses finiront bien par s'éclaircir. Demain, tu pourras demander à être reçu par le capitaine et tu lui expliqueras l'affaire. Maintenant, je suis fatigué. »

Il ferma la fenêtre. Il prit ensuite la lampe à pétrole, la mit sur une chaise à côté de son lit et y déposa un livre, l'un de ces volumes à couverture coloriée et au titre séducteur : *Rocambole, le roi des voleurs*. Il ôta son uniforme, posa ses vêtements soigneusement pliés au pied de son lit, garda sa chemise, son caleçon et ses chaussettes de laine pour se glisser tout tremblant sous la couverture.

Il commença à lire. L'histoire était si passionnante que les événements de la soirée en venaient à perdre de leur force pour sombrer enfin complètement dans le feu de l'action. Rocambole avait pillé un château dans de mystérieuses conditions. La police était désemparée devant les événements. Aucun des habitants du château n'avait entendu de bruit et pourtant le lendemain matin, les bijoux, l'argent liquide ainsi que les toiles de maître et les meubles anciens avaient disparu. Mais soudain, comme tous doutaient de retrouver un jour les objets de valeur et de mettre la main sur le voleur, la vieille nourrice du propriétaire du château entra en scène. Bien qu'elle fût aveugle, elle put raconter comment les choses s'étaient passées, elle fit une description des voleurs et de la route qu'ils avaient empruntée, une vieille route dont personne ne savait rien. Ses yeux avaient vu si clair que la police réussit, grâce à elle, à trouver l'endroit où était caché le butin.

Collani en était arrivé là quand il laissa soudain tomber le livre sur la couverture. Il murmura quelques mots incompréhensibles qui donnèrent les phrases suivantes : « Je l'ai vu de mes yeux, de mes yeux. Rêvé ? Peut-être l'ai-je rêvé ? Mais c'était bien la vérité. Stahl l'a confirmé. Et je sais exactement chez quel Juif Bielle est allé. »

Il se tut, car ses pensées allaient trop vite : il était voyant, il pouvait voir loin, aussi bien que si cela se passait sous ses yeux. Quel avenir pour lui ! C'était sûrement Dieu qui le récompensait de s'être confessé. Pourquoi ne l'avait-il pas fait plus tôt ? Il n'aurait pas eu besoin d'entrer dans l'armée. Il aurait eu largement de quoi vivre. Les gens seraient venus de loin pour le voir. Il aurait gagné de l'argent ! Oh, sa pension misérable ! Il y renoncerait volontiers s'il pouvait partir maintenant. Ça devait pouvoir se faire. Il était vieux et malade. Il lui en coûterait seulement une visite chez le médecin, le major ; il pourrait faire allusion à ses merveilleuses qualités et lui faire comprendre qu'il n'oublierait pas un petit service, plus tard quand il aurait fait fortune. Collani ne tremblait plus, au contraire son corps était maintenant brûlant. La couverture était beaucoup trop chaude et il ne supportait plus le poids du drap. Maigre et tordu, il était en sous-vêtements sur le lit comme un vieil animal dont la peau ne colle plus au corps. Il éteignit la lampe et resta longtemps les yeux ouverts dans l'obscurité.

La journée du lendemain fut mouvementée pour le bataillon. Des rumeurs confuses sautaient comme des étincelles d'un baraquement à l'autre ; le bâtiment mauresque qui servait de caserne à la troupe bourdonna toute la matinée. A neuf heures, Mamadou et le caporal Bielle furent appelés au bureau du capitaine. Stahl était déjà là. La confrontation ne dura pas longtemps. C'est Mamadou qui avoua le premier, il tremblait comme une poule qui a froid en entendant les paroles du capitaine et il s'exprima dans un français encore plus maladroit que d'habitude. Stahl reçut cinq francs et les deux coupables furent conduits en prison entre quatre hommes baïonnette au canon. Le Juif de la ville qui avait acheté le drap les rejoignit une heure plus tard. Bielle n'avait pas voulu trahir le nom de l'acheteur. La voix perçante du capitaine Pouette ne l'impressionnait pas. Sa petite moustache rousse sautillait avec impertinence comme si elle cachait un sourire irrespectueux. Mamadou ne put pas non plus donner le nom du Juif. L'atmosphère était tendue dans le petit bureau. Le fourrier Levithan revint : il avait fouillé la chambre de l'accusé. Les draps y étaient tous au complet. Bielle, qui ouvrait la bouche pour la première fois, fit remarquer calmement qu'on n'avait pour l'instant aucune preuve contre lui. Stahl a vu Mamadou et Mamadou a avoué ? Mais quelle valeur avaient les déclarations d'un Allemand et d'un nègre ? Levithan faillit s'emporter, mais il se ravisa. Il n'était pas bon de faire valoir le fait qu'on était allemand. Alors, comme les accusateurs le regardaient d'un air embarrassé, une voix se fit entendre : « Je sais où habite le Juif. » Le capitaine lui demanda comment il le savait, s'il avait été présent à ce moment-là. Il était très énervé et sa barbe blonde taillée en pointe frémissait. Collani lui répondit qu'il lui expliquerait plus tard. L'essentiel était qu'on attrape le Juif. Les deux accusés sur lesquels pesaient de forts soupçons furent emmenés. Mamadou gémissait comme un animal prisonnier tandis que Bielle était inébranlable. Devant la porte du bureau, il brossa une dernière fois sa petite moustache rousse. A la prison, on lui retira sa brosse à moustache.

Deux hommes de la garde accompagnèrent le petit caporal Collani. Le capitaine Pouette et le lieutenant Pécould suivaient à une distance raisonnable. Ils voulaient voir la fin de cette étrange histoire.

Bien qu'un peu hésitant au fond de lui-même, Collani marchait d'un bon pas. Il ressentait le besoin de s'arrêter, de fermer les yeux pour revoir clairement l'image qu'il avait vue la veille ; déjà à ce moment-là, elle était plutôt imprécise, mais, depuis, elle était devenue de plus en plus floue. Mais comme il ne pouvait pas s'arrêter à cause des deux officiers qui le suivaient, il dissimula son manque d'assurance en prenant un air sombre. Un des soldats de la garde, un Belge avec une longue moustache blonde et un visage rouge bordeaux, essaya à plusieurs reprises d'engager la conversation, mais Collani continua à se taire.

A Géryville, le quartier européen n'est pas nettement séparé du quartier arabe. Les Blancs y sont en effet trop peu nombreux, la petite ville n'est même pas sous-préfecture, seuls des officiers habitent là, les deux plus grands magasins d'alimentation sont tenus par des Juifs espagnols qui ne peuvent être comptés au nombre des Français.

Collani suivit quelque temps la rue principale, qui était en fin de matinée plutôt déserte. Quelques vieillards vêtus de larges manteaux gris à capuche poussaient devant eux des ânes maigres chargés de paniers. Les animaux s'arrêtaient parfois et poussaient des cris tristes et aigus. La rue principale débouchait sur une place située derrière la caserne. Deux compagnies réparties en petites troupes y faisaient des exercices. Dans un coin, les clairons et les tambours, la « clique » du bataillon, répétaient une marche monotone. Les soldats interrompirent leurs exercices pour regarder passer la petite troupe. Pas longtemps cependant. A peine les deux officiers furent-ils en vue que les exercices reprirent et que les ordres des caporaux claquèrent de plus belle dans l'air frais et acidulé.

A l'un des coins de la place se trouvait une maison basse. Collani chercha d'abord à l'éviter en décrivant un large cercle : c'est dans ce but qu'il s'arrêta au milieu de la place. Mais un fil invisible le tirait vers cette maison : c'était la maison des pères blancs, il le savait et il pensait que c'était sa mauvaise conscience qui l'attirait vers son confesseur. Ne commettait-il pas une trahison envers une action sainte en utilisant l'inspiration dont Dieu lui avait fait présent pour gagner des honneurs temporels ? Mais il se consola bien vite. Il n'avait pas de certitudes, il ne savait pas exactement où le Juif habitait. Il voyait vaguement une petite rue, mais il ne pouvait pas dire où il fallait chercher. Hier, un court instant après la confession, il avait clairement vu le chemin que Bielle avait emprunté. Mais maintenant, toute cette première partie de la vision avait disparu, seule était restée l'image de la petite ruelle, de la boutique dans laquelle le Juif vivait et la tête du Juif lui-même avec sa calotte noire et sa vilaine barbe grise.

Bien que Collani s'en défendît, il ne put s'empêcher de passer devant la petite maison dont la porte était peinte en rouge foncé. Juste au moment où il passait devant la porte, elle s'ouvrit doucement et le père Matthias sortit de la maison. Collani eut un mouvement de recul tant le père lui parut changé. La peau de son visage était grise et ses rides étaient plus profondes que jamais. Sans mot dire, le père bénit son pénitent d'un signe de croix peu énergique.

« Où vas-tu, mon fils, de si bonne heure et que signifie cette escorte que tu as avec toi ? » Collani marmotta une réponse incompréhensible. « Es-tu bien rentré, hier soir ? » Quelque chose d'étrange frappa Collani : le père avait perdu toute son insouciance. Il semblait chercher des mots qu'il ne pouvait pas trouver. « Tu viens me voir, ce soir, n'est-ce pas ? Je peux y compter ? Nous avons à parler d'une chose très sérieuse. Mais d'ici là, prie, prie, car sinon la puissance du mal s'abattra sur toi. Peut-être es-tu déjà sous son emprise. »

Les deux officiers s'étaient rapprochés. Le capitaine Pouette salua le père. Son salut était un mélange d'humilité et de sarcasme. Le père Matthias lui rendit son salut d'un air distrait et ne sembla même pas voir le lieutenant.

Je dois prier, pensa Collani. Il a raison. Ça m'aidera peut-être — et pendant qu'il avançait lentement, il commença à réciter le rosaire. Pour compter les « Je vous salue Marie », il se servait de ses doigts enfoncés dans ses poches, il pliait un doigt dès qu'il avait fini une prière. Il n'eut pas longtemps à répéter cet exercice : au moment où tous ses doigts furent repliés, l'image de la veille lui apparut très clairement. Elle était si pressante qu'il crut un instant être Bielle lui-même. Il précéda ses compagnons la tête penchée en avant. Une petite rue s'ouvrit à lui, il la longea jusqu'à ce qu'il arrive à une petite ruelle. Ce n'était qu'un passage, la deuxième maison à gauche était une boutique. Collani ouvrit la porte qui ne tenait plus que par un gond. Derrière le comptoir, sur un tabouret, était assis un personnage bossu avec une barbe miteuse et une calotte noire usée. Le Juif se leva d'un bond et gesticula dans tous les sens. Il prononça des paroles incompréhensibles, mais le drap qu'il sortit de dessous la table était propriété de l'armée : le cachet rouge du premier régiment étranger brillait dans un coin.

« Bien joué, Collani. »

Le capitaine Pouette laissa tomber doucement sa main gantée sur l'épaule de son subordonné et l'y laissa quelques instants, jusqu'à ce qu'il en ait besoin pour tortiller la pointe de sa barbe. « Mais comment avez-vous su ? » Collani était trop impatient pour donner une réponse calme au capitaine. « Plus tard, dit-il essoufflé, plus tard je vous dirai tout.

— Bien, bien. »

La main gantée se posa à nouveau sur l'épaule de l'excité.

« L'essentiel est maintenant d'emmener le Juif. Toi hemschi prison », dit-il en se tournant vers le vieux. Le Juif se mit à geindre. Un flot de lamentations se déversa de sa bouche édentée tandis que ses pauvres mains maigres exécutaient des gestes suppliants. Mais les deux hommes de la garde le saisirent par les coudes, il disparut par la porte et ses plaintes vibrèrent encore derrière lui.

Collani eut le droit de rentrer entre les officiers. Comme il était fier ! La première partie de ses projets d'avenir semblait se réaliser. Il avait vu juste hier soir. Dans l'ivresse du succès, il songeait peu à la façon dont de telles visions se répéteraient. La réussite du moment lui suffisait. Manquant encore un peu de souffle, il commença à raconter l'histoire de sa « vision » aux officiers. Il était tellement grisé par son triomphe qu'il ne vit pas le sourire narquois sur les lèvres du capitaine, sourire que l'on retrouvait chez le lieutenant aussi.

« Et nous devons croire ça, Collani ? Pourquoi voulez-vous vous rendre intéressant ? Pourquoi ne pas nous dire ouvertement que grâce à vos bonnes relations avec la troupe, vous avez appris toute l'histoire avant nous ? Ce serait aussi méritoire. Ça suffit comme ça. » Le capitaine stoppa net toutes les protestations de Collani d'un mouvement de la main qu'il avait un jour observé chez Lyautey et qu'il s'était approprié par la suite.

La façon dont un fait nouveau se répand dans une société masculine et dont il se déforme au point de s'approcher davantage de la réalité que les faits eux-mêmes, cette façon restera toujours un mystère. Toujours est-il que l'information partit de la cuisine et la troupe qui devait apporter les repas à onze heures et demie dans les baraquements répandit la nouvelle partout. Bielle se serait trahi lui-même. Il aurait raconté toute l'histoire à quelqu'un (pour les uns, c'était le clairon de la deuxième compagnie, pour les autres, l'ordonnance de l'aide de camp) qui n'aurait pas pu garder le secret et c'est ainsi que l'histoire aurait été dévoilée. L'explication du caporal Jorand de la troisième section d'infanterie ne servit pas à grand-chose ; il prétendait que son ami Bielle, maintenant en prison, lui avait raconté toute l'expédition la veille au soir. Bielle disait s'être retourné plusieurs fois et avoir eu le sentiment qu'une ombre le suivait, une ombre qui se fondait avec le crépuscule. Il lui avait semblé que cette ombre ressemblait à la silhouette bossue de Collani.

Le plus étrange était que le nom du véritable traître, le nom de Stahl, ne fut même pas cité. Ce qui resta de toute l'affaire peut se résumer de la façon suivante : Collani avait par quelques machinations magiques et avec l'aide des « pères blancs » envoyé son ombre pour suivre Bielle partout. Bielle et le Noir Mamadou avaient été les victimes de machinations diaboliques et ils étaient à plaindre. L'état d'esprit à l'égard de Collani empira d'heure en heure. Certains au sein de l'aristocratie spirituelle du bataillon prêchaient bien le calme et la pondération, mais cela ne servit pas à grand-chose. Lors des séances de tir à balles réelles de la deuxième compagnie l'après-midi même, le caporal Jorand parla de la cartouche qu'il voulait mettre de côté pour Collani.

Mais c'est au cours du déjeuner que Collani perçut le plus le changement d'humeur. Tous l'évitaient, le sergent-major Dutreuil en tête. On ne lui versa plus de poivre dans son vin. Quelques-uns des vieux sergents faisaient des gestes mystérieux pour se défendre contre son regard maléfique, chacun à sa façon comme il l'avait appris dans son pays.

A la table des officiers aussi, l'affaire occupait les esprits. Le commandant Barsouin, un mastodonte débonnaire avec une fine moustache blonde au-dessus d'une lèvre supérieure épaisse, haletait déjà au moment de la soupe quand le capitaine Pouette lui raconta les événements de la matinée. « Incroyable. » Il était tellement captivé par l'histoire qu'il se brûla et dut souffler sa soupe hors de la cuillère : « Bien sûr, vous riez, Pouette. Ça vous va bien, car vous êtes fier de votre scepticisme. Mais attendez un peu d'avoir atteint mon âge, le sarcasme vous passera. Si vous aviez dû endurer pendant la guerre seulement la moitié de ce que j'ai vécu, vous parleriez différemment, croyez-moi. L'essentiel dans cette affaire est que je parle moi-même à Collani. Ensuite, notre "toubib", le très honoré Dr Cantacuzène, l'examinera, n'est-ce pas, Anatole ? » Il se tourna vers un homme maigre qui venait d'entrer et accrochait sa casquette de velours à un portemanteau. « Tu me rendras bien ce service, tu examineras Collani. Tu as bien fait un an à Sainte-Anne ? »

Anatole Cantacuzène, médecin de la troupe, se cura d'abord consciencieusement le nez avant d'aller à sa place et de faire semblant de ne pas avoir entendu la question. Les yeux des gens présents suivaient les chemins que sa cuillère empruntait pour aller de son assiette à sa bouche. Quand le médecin eut enfin fini, il demanda d'un air distrait : « Qu'est-ce que c'est ? Un simulateur ? Un paralytique ? Hein ? » Il détacha bien chaque question. Barsouin oublia l'entrecôte qui était dans son assiette et raconta avec force gestes l'histoire du caporal voyant Collani comme Pouette la lui avait rapportée. Il se permit même d'ajouter quelques détails supplémentaires. Les jeunes lieutenants faisaient semblant d'écouter. Le médecin ne se laissa pas émouvoir. Il enfournait la nourriture à l'aide de son couteau et de sa fourchette dans sa grande bouche et ne levait que rarement ses paupières trop grandes pour son visage étroit, jetant au commandant un regard qui était tout aussi bref et incisif que ses questions.

« Un hystérique, grommela-t-il quand Barsouin finit enfin par se taire. Aucun doute. Un cas d'hystérie masculine. Mais pourquoi pas ? Nous pourrions aussi avoir affaire à un réel cas de voyance. » Il repoussa son assiette, alluma consciencieusement une pipe de porcelaine, une vraie pipe de paysan avec un portrait en couleurs de Napoléon. Puis il continua à pérorer d'un air satisfait et content, tantôt fumant sa pipe, tantôt curant ses dents de cheval avec un tuyau de plume. « Il faut examiner le cas. Je propose d'organiser des séances. » Un « Ah ! » parcourut les rangs. Le médecin cracha la fumée avec colère. « Vous croyez que je vous y inviterai ? Là, vous vous trompez. Pour une telle affaire, j'ai besoin d'hommes sérieux, pas de nourrissons qui feraient dans leur culotte si par hasard se produisait une matérialisation. On aura besoin de toi, Bobby », dit-il en se tournant vers le commandant. Barsouin rayonnait. « Et peut-être aussi de Fonjallaz de la quatrième. Plus quelqu'un boit, dit-il en guise de réponse aux protestations silencieuses de l'assemblée, mieux ça vaut. Il se laisse moins influencer. Bobby, tu amèneras le père. » Barsouin eut l'air sceptique. Le médecin se fâcha.

« Tu dois le faire. C'est nécessaire. Dis-lui qu'il pourra pratiquer ses exorcismes s'il croit que cela a quelque chose à voir avec le diable. »

Puis il baissa la voix pour ajouter, comme s'il se parlait à lui-même : « Ça sera intéressant à voir : le combat de deux forces. Ha, ha ! »

C'est ainsi que Collani ne répondit pas ce soir-là à l'invitation du père Matthias. Vers quatre heures, il reçut l'ordre d'aller chez le médecin. L'examen dura deux heures. Le Dr Cantacuzène soumit l'enfance du patient à un examen minutieux. Les notes qu'il a prises ne nous apprennent pas grand-chose. Les parents de Collani étaient morts de bonne heure et dès l'âge de huit ans, il avait été placé dans un orphelinat catholique. Le père buvait, la mère était phtisique et très pieuse. C'est elle qui avait confié son fils à l'Église catholique. Quand on lui demanda s'il avait déjà observé chez lui des phénomènes psychiques de ce genre, Collani ne sut que répondre. Non pas que les mots utilisés lui parussent étrangers, au contraire, il se sentait flatté que quelqu'un lui parle dans un langage savant. Dès le premier instant, la personnalité du Dr Cantacuzène avait exercé sur lui un effet étonnant. Les reproches concernant sa vie pécheresse étaient venus du prêtre et cette condamnation des faits passés, chose fort désagréable, avait éveillé la conscience de Collani. Anatole Cantacuzène sut jouer le « confident » à merveille, comme les comédies de boulevard se plaisent à le dépeindre : sceptique, ironique, pardonnant tout. Il n'était donc pas surprenant que Collani se montre plus ouvert que la veille. Toutefois, comme c'était à prévoir, il n'eut pas de vision pendant l'interrogatoire.

Le médecin tira un grand trait sous ses notes, enfouit son visage dans ses mains et se massa activement les joues et les yeux avec les doigts. Ensuite, il se leva et fit les cent pas dans la pièce assombrie. Collani était assis confortablement dans un fauteuil bas et fumait une cigarette. Le médecin commença à parler d'une voix monocorde : « Nous pouvons résumer votre histoire ainsi, caporal : vous êtes issu d'une famille durement éprouvée, n'est-ce pas ? Vous avez été élevé très religieusement. Vous avez même traversé entre quinze et seize ans une crise véritable, n'est-ce pas ? Sans que se soit manifesté à cette période un quelconque phénomène de voyance ou de caractère occulte, n'est-ce pas ?

— Ça me revient, interrompit Collani, j'ai dû à cette époque aller un jour chez un franciscain, parce que mes compagnons de chambre prétendaient qu'ils entendaient cogner la nuit dans le mur à côté de mon lit, pendant que j'étais tranquillement allongé. Après, ça ne s'est plus reproduit. »

Collani parlait tout doucement. Il semblait épuisé. Des sillons se dessinaient sur la peau flasque de ses joues. Le médecin, toujours debout, prit quelques notes rapides et continua à parler d'une voix monotone.

« Tiens, tiens, des coups dans le mur, c'est très intéressant, n'est-ce pas ? Mais vous êtes sûrement fatigué et vous voulez vous reposer. Je vais bientôt vous renvoyer dans votre chambre, vous pourrez dormir. Mais j'ai encore quelques questions à vous poser. Vous pouvez fermer les yeux. Fermez les yeux. Le sommeil vous gagne, n'est-ce pas ? Mais vous ne devez pas lutter, un peu de repos vous fera du bien. Vous dormez maintenant ? Et que voyez-vous ? »

Collani se mit à parler d'une voix qui s'harmonisait parfaitement avec la voix unie et monocorde de celui qui l'interrogeait :

« Je vois une maison en ville, des Arabes y sont assis avec des légionnaires. Je ne connais que deux des soldats : Vonzugarten de la troisième et Stahl de notre compagnie. Stahl est justement en train de parler de moi. Il dit : “Vous devez vous méfier de Collani !

« — D’accord”, répond l’Arabe, le plus grand, celui qui porte un turban raffiné. “On zigouillera Collani. Mais autre chose, dit l’Arabe, jeudi prochain, la compagnie d’infanterie est de garde au portail. Fixons ce jour. Je mettrai les autres au courant. Nous serons deux cents en tout et si vous deux travaillez les Allemands du bataillon, nous pourrons prendre la caserne sans trop de peine. Il faut promettre à tous ceux qui nous aideront un transport sûr vers le Maroc en territoire non occupé avec, pour plus tard, un retour au pays.” »

Les occupants de la grande salle qui s’assombrissait de plus en plus se sentaient mal à l’aise. Collani faisait l’effet d’un appareil inerte ; on aurait dit un récepteur radio qui émet des voix lointaines et reste insensible et froid. Le vieux médecin s’agenouilla prudemment devant la cheminée et se mit à ranimer les grosses bûches qui s’éteignaient presque en y fourrant du carton. « Ensuite ? » demanda-t-il. La voix rauque et monotone poursuivit :

« Stahl se lève et dit : “Le capitaine a une grande confiance en moi et ne sait pas que j’ai trahi Bielle pour me débarrasser de lui. Je peux maintenant me promener la nuit sans être inquiété et parler aux autres. D’ici jeudi, nous serons prêts.” Il se rassied. “Vous devez rentrer maintenant, dit l’Arabe richement vêtu, sinon on remarquera votre absence. — Mais, dit Stahl, nous avons besoin d’argent. Tu comprends, nous devons payer à boire et distribuer des cigarettes. Les autres ne nous croiront que s’ils voient que nous avons de l’argent, sinon ils ne feront que se moquer de nous.” L’Arabe sort un portefeuille en cuir tressé rouge avec des bords jaunes et donne des billets à Stahl, deux, quatre, six billets de vingt francs. Stahl les empoche. Il se dirige vers la porte, suivi de Vonzugarten. »

Collani poussa un long soupir et se tut. La pièce était plongée dans l'obscurité. Dehors, tout était si tranquille qu'on entendait très nettement la respiration du dormeur ; de temps à autre, elle se transformait en râle. Le médecin se glissa jusqu'à la porte, la bloqua de l'extérieur, descendit prudemment l'escalier, puis courut jusqu'au poste de garde situé à l'entrée de la caserne, où il arriva hors d'haleine. Il fit appeler le sergent qui commandait la garde et lui donna un ordre bref : faire prisonnier Stahl de l'infanterie et Vonzugarten de la troisième dès leur retour et les fouiller. Ordre spécial du commandant. D'autres ordres suivraient. Comme Cantacuzène avait le rang de capitaine et qu'il était aimé pour sa bonté envers les hommes de troupe, le sergent Petroff se contenta de répondre : « A vos ordres. » Le médecin le salua d'un geste amical et partit dissimuler son excitation dans l'obscurité.

Quand il revint dans sa chambre, Collani dormait toujours. Il n'eut pas de mal à le réveiller. Un petit appel suffit. « Vous souvenez-vous de vos rêves ? » demanda le médecin, pendant qu'il allumait une lampe à pétrole. Mais, tout comme la veille, Collani ne put se souvenir que de quelques points essentiels de ce qu'il avait « vu ». Il parla de complot, donna le nom de Stahl. Des Arabes étaient mêlés à l'histoire. « Venez », dit Cantacuzène ; il sembla avoir pris soudain une autre décision, car il éteignit la lampe, prit Collani par la main et sortit à tâtons de la chambre.

Le père Matthias avait eu une journée fatigante. Il avait couru dans toute la ville, avait rendu visite à deux enfants malades, avait lu son bréviaire d'un œil distrait et avait dîné de même. Avait ensuite commencé l'attente épuisante de son pénitent. Sans y prêter grande attention, il lisait dans un vieux numéro de la *Revue psychologique* un article du Pr Hyslop sur les expériences télépathiques. Il secouait sans cesse sa tête d'oiseau. Ces expériences paraissaient si inoffensives, leur réussite n'avait après tout rien d'extraordinaire ! Il revit cependant le visage de Collani, la veille, quand il s'était soudain figé.

« Cela ne peut pas être dangereux, cela ne peut pas être dangereux. Mais en tout cas, ce n'est pas surnaturel. Dieu n'aurait pas besoin d'une trahison pour montrer sa force. Une trahison ! »

Il s'attarda sur le mot. La trahison l'écœurait. Il se secoua et essaya en vain de se consoler : ce sont des voleurs qui se sont fait prendre. Un sentiment fort protestait en lui contre la délation. Ce n'était pas une chose sainte. Judas avait été lui aussi un délateur. Et qu'avait fait son pénitent sinon trahir ? Ces pensées ne cessaient de le tourmenter.

Le père Marc était assis en face du vieux et sculptait une cuillère dans un morceau de bois dur. « N'est-ce pas, dit soudain le père Matthias à son assistant, que c'est mesquin et mal de trahir ses camarades ? Je sais comment ils traitent les prisonniers là-bas, dit-il en agitant le poing en direction de la caserne. Je vais aller voir le commandant pour savoir ce qui s'est passé. »

Il ajusta son manteau gris sur sa soutane blanche — la nuit était fraîche — et il se hâta vers la maison du commandant, qui se trouvait à l'autre bout de la petite ville, en passant par la place solitaire.

De la rue, il vit que toutes les fenêtres étaient éclairées. Le père Matthias était habitué à la fumée, mais il trouva que l'atmosphère de la pièce dans laquelle il entra était étouffante. Il toussa longtemps et dut essuyer les larmes qui coulaient de ses yeux. C'est seulement après qu'il reconnut les gens qui étaient présents. Tel un président de cour martiale, le commandant Barsouin, le visage bouffi, trônait dans un fauteuil au bout de la table, rallongée pour l'occasion ; comme don Quichotte à côté d'un Sancho Pança géant, se tenait le maigre Anatole Cantacuzène. Les autres se remarquaient moins. Le capitaine Pouette bâillait souvent en tenant ses mains jointes devant sa bouche. Le lieutenant Pécould avait une feuille de papier blanc devant lui et se sentait important dans son rôle de greffier. Le caporal Collani semblait mimer l'accusateur. Il se penchait loin au-dessus de la table et prononçait des paroles haineuses.

« Mon fils, dit le père Matthias d'une voix douce et sans reproche. Pourquoi m'as-tu fait attendre si longtemps ce soir ? »

Il n'attendit pas la réponse, mais se tourna vers le commandant qui s'était levé et lui tendait la main. Ils se saluèrent. Barsouin était gêné.

« Et voilà notre homme de science qui n'a pas la foi », dit le père Matthias en serrant la main du médecin. Cette petite plaisanterie innocente sonna creux et jeta un froid. Pour détendre l'atmosphère, le père Matthias se lança dans un discours qu'il adressait en alternance à chacun des présents. Il dit qu'il demandait une explication. Collani était son pénitent, il se sentait responsable de ses paroles et de ses gestes. Hier soir, s'était produite une étrange transformation chez son pénitent et cette transformation avait sûrement eu des suites. Il voulait maintenant en savoir plus sur ces conséquences. Il voulait une explication. Il se refusait à voir la chose uniquement d'un point de vue scientifique ; le bonheur et le malheur, pour ne pas dire la mort et la vie de quelques hommes, en dépendaient. Il s'agissait d'hommes sans défense, livrés à la merci d'une force étrangère et il se sentait le devoir d'être l'avocat de ces hommes-là. En entrant, l'assemblée lui avait fait l'effet d'un tribunal ennuyeux, l'accusateur faisait certes triste mine (il jeta un regard plein de reproches à Collani qui ne se déroba pas), mais ce qui l'avait surtout gêné, c'était qu'on débattait en l'absence de l'accusé et de son avocat. Il ne pouvait laisser faire une chose pareille. Il était le représentant de la justice sur terre, de la justice divine (à peine cette répétition lui avait-elle échappé qu'il la regretta, mais il était trop tard). Il dit qu'il voulait bien laisser provisoirement Dieu hors du jeu, mais à condition qu'on ne lui dissimule pas les derniers événements.

Un long silence suivit. Barsouin dit enfin : « Je crois... » Le médecin hocha la tête et s'assit : « S'il vous plaît, lieutenant Pécould, lisez le procès-verbal. »

Le lieutenant au teint pâle relut les notes qu'il avait devant lui. « Découverte d'un complot, arrestation des suspects, Stahl et Vonzugarten ; découverte chez l'un d'une somme de cent vingt francs sur laquelle il a refusé de s'expliquer. Déclaration du médecin sur un phénomène télépathique observé chez le caporal Collani qui a donné toutes les explications souhaitables sur ledit complot. Le même caporal Collani s'est déclaré prêt à renouveler l'expérience sous la surveillance d'un médecin. Pour que la chose se fasse plus facilement, on a envoyé chercher l'accusé Vonzugarten. Accompagné de deux hommes et en présence du commandant Barsouin, du médecin du bataillon, du capitaine Pouette et du lieutenant Pécould, le caporal Collani a saisi l'accusé Vonzugarten par le coude. Là-dessus, ledit Collani s'est fait bander les yeux. Malgré un refus manifeste de l'accusé Vonzugarten, Collani a pu, après quelques hésitations, retrouver la maison dans laquelle les conspirateurs s'étaient retrouvés. Ali ben Mohamed, marchand de chevaux et Abdallah ben Yahihâ, cheikh de la tribu de Sidi Medjahed ont été arrêtés dans cette maison et emmenés à la prison militaire. Après le retour de l'expédition, Vonzugarten a été entendu par l'adjudant du bataillon, Crache. Une demi-heure plus tard, il a fait des aveux complets qui correspondent en tout point au rapport fait en état de somnambulisme par le caporal Collani. Sur foi de ces aveux, on a dû procéder à six nouvelles arrestations qui n'ont cependant pas éveillé l'émoi du bataillon. Les six nouveaux prisonniers ont, après un interrogatoire collectif, eux aussi confirmé les dires de leur chef Vonzugarten. D'après eux, il s'agissait d'un plan visant à attaquer la caserne avec l'aide de la tribu de Sidi Medjahed. Des munitions, des armes et des équipements étaient destinés aux rebelles du Tafilalet. Une troupe composée de Russes, de Suisses et de Belges issus de toutes les compagnies s'est mise en route il y a un quart d'heure pour prendre Sidi Medjahed par surprise. »

Le père Matthias avait pris sa tête entre ses mains et gémissait doucement. Quand Pécould eut terminé, il regarda le père d'un air étonné comme s'il trouvait déplacé d'afficher une telle douleur lors d'un événement somme toute heureux tel que la découverte d'un complot. Les autres aussi se taisaient et regardaient le père comme s'ils attendaient qu'il s'exprime. A ce moment-là, Collani s'approcha de lui d'un pas hésitant et lui demanda :

« Pourquoi ne vous réjouissez-vous pas que nous

ayons esquivé ce danger ? Vous auriez eu à en souffrir aussi. »

Le père Matthias leva la tête d'un mouvement brusque ; les auditeurs se levèrent, impatients d'entendre le sermon qui devait suivre. Mais ils furent déçus. Il se contenta de joindre les mains, ferma les yeux et, le visage tourné vers le ciel, il dit tout haut d'une voix très claire : « Mon Dieu, pardonne-leur, car ils ne savent pas la douleur qu'ils apportent à Tes créatures. Ne les punis pas trop sévèrement et laisse-moi être à leurs côtés quand Ta punition sera prête et laisse-moi les aider pour qu'ils apprennent à reconnaître Ta force. Ainsi soit-il. »

Quand il eut terminé, il se leva et se dirigea vers la porte sans saluer, la tête haute. Dans les semaines qui suivirent, la gloire de Collani s'accrut. Les officiers et les sous-officiers qui avaient aidé à étouffer le complot ne furent pas oubliés. Le général Laroumette qui commandait la division vint à Géryville. En son honneur, la clique joua des marches pendant toute une soirée, la tribu de Sidi Medjahed mit des musiciens et des danseurs à leur disposition. Après s'être engagé à payer une amende de dix mille *douros* (cinquante mille francs), le cheikh fut libéré. Vonzugarten et Stahl furent condamnés par le tribunal d'Oran à cinq ans de « *travaux publics* [1] ». Bielle et Mamadou, les deux voleurs d'étoffe, comparurent devant un tribunal du bataillon et furent condamnés à soixante jours de prison. Le général approuva la punition et tint aux deux hommes des propos édifiants. Bielle l'écouta avec un petit sourire qui se cachait sous sa moustache rousse ébouriffée. Une somme de cinq cents francs prélevée

1. En français dans le texte. *(N.d.T.)*

sur un fonds secret fut versée à Collani. Il reçut les félicitations du général devant tout le bataillon réuni.

Le commandant Barsouin avait décidé d'offrir quelque chose d'extraordinaire au général la veille de son départ. Le médecin était parvenu à convaincre Collani de donner une « séance de spiritisme ». Quelques séances, les soirs précédents, avaient réussi. La petite table ronde avait craqué bien fort, elle avait dicté quelques phrases ayant plus ou moins de sens en tapant du pied et avait, pour finir, exécuté avec tous les participants à travers la pièce une danse qui avait certes essoufflé le colonel, mais l'avait comblé de joie.

Pour donner à la séance une touche romantique, il avait été décidé qu'elle aurait lieu sur la terrasse de la maison du commandant. Toute l'affaire avait été préparée en secret. On avait ordonné à Collani le silence absolu. Le commandant lui avait promis sa mise à la retraite si la séance réussissait. Et Cantacuzène avait ajouté : « Il ne s'agit pas ce soir de faire quelque chose de scientifique, mais il doit se passer quelque chose qui impressionne le général. Je n'exercerai pas de contrôle sévère, mon ami, mais je fermerai les deux yeux si cela peut t'aider. »

Collani avait approuvé. Il n'avait pas l'air bien, ses yeux étaient fatigués et sans éclat, la peau de la cornée, striée de petites veinules rouges, semblait enflammée. Il ne put réprimer un léger tremblement du menton.

« Je ferai tout mon possible », dit-il d'une voix terne.

On n'avait cependant pas pu tenir le projet complètement secret. Quelque chose avait filtré, car l'après-midi, le père Matthias apparut sans être annoncé devant le commandant.

« J'ai entendu parler de ton projet, Bobby, dit-il

d'une voix grave, et je te mets en garde. Annule la représentation. Dieu ne se laisse pas impunément railler. Tout n'est que trucage dans ce genre de manifestations, il surgit parfois des êtres qui peuvent jouer un jeu dangereux avec vous. »

Le commandant réfléchit un instant. Puis il rit sans retenue, son ventre tremblait. « Je devrais annuler maintenant ? Impossible. Je me rendrais ridicule. Et après tout, je ne fais tout ceci que pour aider ton protégé. Il est malade, il doit pouvoir rentrer chez lui. Et je suis sûr que notre bon Collani est tout à fait satisfait de pouvoir gagner sa liberté de cette façon. Cela lui fera aussi une bonne publicité quand il exercera ses dons de voyance à Paris. Il pourra toujours citer un général comme référence. »

Le père secoua tristement la tête. « Eh bien, dit-il, en fait, je suis responsable de toute l'affaire. Je prendrai donc la responsabilité sur moi. Je peux peut-être encore empêcher un malheur. »

L'air était étouffant en cette soirée de printemps, il y avait dans le ciel une grande lune blanche dont les rayons semblaient encore accroître l'humidité. Le toit plat était carré et situé à environ six mètres au-dessus des pavés qui entouraient la maison de tous les côtés. Il n'y avait pas de balustrade.

Pendant la soirée, deux tables avaient été montées sur le toit. L'ordonnance du commandant avait posé des alcools et de l'eau minérale sur l'une des tables. L'autre, un peu à l'écart, restait libre. C'était une table ronde en bois construite selon les consignes du médecin par le menuisier du bataillon sans clous ni autres parties métalliques.

A neuf heures, le général apparut accompagné de Barsouin. Laroumette était de taille moyenne, maigre et soigné de sa personne. La moustache blanche comme neige laissait entrevoir une bouche étroite et sans couleur. Les deux messieurs prirent place à la table qui était dressée. Sans bruit, l'ordonnance remplit les verres. Les deux hommes burent en silence. Peu après, Cantacuzène arriva avec son protégé Collani. Collani eut le droit de s'asseoir sur une chaise, le général le salua d'un signe protecteur de la main. A voix basse, le médecin donna quelques explications scientifiques dont le général prit poliment connaissance. Le dernier des invités à arriver fut le capitaine Pouette, en grande tenue blanche ; il faisait un peu l'effet d'un fantôme au milieu des autres habillés de couleur foncée.

« Commençons », dit le médecin. Les cigares fumés par les hommes volèrent par-dessus le parapet en laissant derrière eux des étincelles en forme de comète. L'ordonnance disparut sans faire de bruit par la cheminée qui partait du milieu du toit et descendait dans la maison.

Collani portait un uniforme kaki, un pantalon sans guêtres et avait aux pieds des chaussures légères à semelle de corde. Il prit place le premier, le visage tourné vers la lune, à sa droite Cantacuzène, à sa gauche le général. Puis venaient le commandant, tandis que le capitaine Pouette fermait le cercle entre lui et le médecin.

« Bon, qu'allons-nous apprendre de nouveau ? dit en plaisantant le général. Le destin de la France nous sera-t-il dévoilé ? Ou bien les esprits nous révéleront-ils des choses plus personnelles ?

— Je demande le silence », dit Cantacuzène d'un ton ferme.

Là-dessus, un grand silence se fit dans le groupe. Sur un ordre silencieux du médecin, ils posèrent tous les mains sur la table, les doigts écartés de façon à construire une chaîne ininterrompue. Il ne se passa rien durant cinq minutes. Puis il y eut comme un sursaut dans le corps de Collani, son menton s'abaissa, ses yeux se révulsèrent; la lune éclairait tellement bien son visage crispé que le blanc de la cornée était nettement visible sous les paupières pendantes.

Un des pieds de la table frappa lentement deux coups. Le médecin voulut poser une question : « Qui... ? » dit-il. Il se passa alors quelque chose d'incompréhensible. Comme saisi par une force inconnue, Collani fut tiré vers le haut. La chaise se renversa et les autres furent, eux aussi, arrachés de leur chaise. Doucement tout d'abord, puis toujours plus vite, on s'approcha du bord. Les officiers essayèrent en vain de retirer leurs mains de la table. Ils ne pouvaient cependant s'empêcher de regarder le visage figé de Collani qui semblait rayonner sous le clair de lune, tout empli d'une joie figée. Le groupe se rapprochait de plus en plus du bord de la terrasse, les talons de Collani étaient déjà sur la bordure : un morceau du mur s'effrita et tomba avec fracas sur le pavé. A ce moment-là, le capitaine Pouette sentit une main sur son épaule et deux bras qui l'enlaçaient et le tiraient vers l'arrière. « *Apage Satanas*[1] ! » cria une voix au timbre clair. Quelque chose sembla se briser dans le visage de Collani. Ses mains se détachèrent de la table, se levèrent à plat en direction de la lune comme pour se défendre et son corps tomba raide comme une planche au-dessous. Le bruit sourd de sa chute sur le pavé sortit les autres de leur enchantement. Le vieux général se ressaisit le premier. Du pouce et de l'index, il libéra

1. En latin dans le texte : « Satan, éloigne-toi ! » *(N.d.T.)*

ses lèvres de sa moustache et alla vers le père Matthias la main tendue :

« Ah, dit-il d'une voix claire, je crois que vous nous avez vraiment délivrés du diable ! »

Le père Matthias était triste. Il fit lentement le signe de croix.

« Je m'en vais prier pour mon protégé. N'est-ce pas moi qui l'ai précipité dans ce malheur ? »

Cantacuzène voulut répondre.

« Plus tard, quand je serai parti, vous pourrez donner votre explication scientifique, dit le père d'un ton plein de rancune, mais attendez qu'on ait emmené le mort. »

Il leva la main d'un geste menaçant.

« Etes-vous sûr que le mort ne vous entend pas ? Et s'il vous entend, ne craignez-vous pas sa vengeance ? »

La silhouette du père Matthias disparut lentement par la cheminée.

« Ah, ces prêtres avec leur superstition », dit Anatole Cantacuzène d'une voix faible. Mais Barsouin leva la main pour demander le silence. « Buvons plutôt à notre frayeur », dit-il. Sa voix était rauque. Le goulot de la bouteille cliqueta nettement contre le bord du verre quand il essaya de verser à boire.

La mort du nègre

Quand le caporal Charles Seignac demanda à partir comme volontaire avec moi au Maroc, j'en fus fort satisfait. Je l'aimais bien, peut-être justement parce qu'il était noir et que, étant le seul gradé de couleur de la compagnie, il souffrait de la malveillance des autres. Notre sympathie pour un homme est souvent nourrie par l'antipathie que la majorité lui témoigne. En outre, Seignac était un type bien, il était beau garçon et mes autres camarades ne pouvaient pas tous en dire autant. Il était très grand, mince, et avait des épaules larges et des hanches étroites. Sur son crâne allongé, sa chevelure noire formait comme un dôme dans lequel on aurait placé quelques ornements attachés avec du fil d'argent. Il avait de petites oreilles et sa couleur de peau était fraîche comme du café noir glacé.

Une seule chose me dérangeait : que Farny ait lui aussi demandé à partir pour le Maroc pour conduire notre détachement. Je ne pouvais pas le sentir. Il me faisait toujours penser à une sardine dégoulinante d'huile, plate, visqueuse, impossible à digérer. Si on le rencontrait le matin, on gardait toute la journée un goût rance dans le cœur. Mais c'est surtout à cause de Seignac que sa présence me déplaisait, et ce, bien que Seignac n'ait demandé à partir qu'après avoir été sûr que Farny venait aussi. Ils ne se parlaient jamais et pourtant, il y avait quelque chose entre eux. On aurait dit qu'ils s'étaient déjà rencontrés, en ces temps fabuleux où l'on avait encore un costume civil et peut-être même une amie fidèle. Seignac parlait peu et n'en paraissait que plus mystérieux. Ici-bas, chacun rêve d'être un comte, un général ou un prince en exil quand il ne préfère pas être le roi des cambrioleurs ou faire la traite des Blanches ; c'est pourquoi un homme qui ne dit rien de son passé est énigmatique et n'en est que plus séduisant.

Farny était sergent et il devait nous conduire jusqu'à Atschana, un poste dans le Sud marocain. Pendant le voyage, Seignac fit la seule chose à faire ; il faisait le sourd quand c'était Farny qui donnait les ordres. Et Farny prit cette indifférence (on ne pouvait même pas dire qu'il y avait du mépris dans son attitude) comme allant de soi et ne donna jamais aucun signe d'énervement ou d'impatience. Après deux ou trois tentatives vaines, il donna des ordres à des gars qui entendaient bien. Farny aimait commander et donner des ordres était pour lui comme une drogue. Quand il pouvait commander, il roulait des yeux avec volupté. Son regard n'était guère engageant.

Il fut de plus en plus évident, pendant les journées de marche, puis dans le train et enfin dans les camions, qu'il y avait entre eux un lien invisible. Dans la garnison, en Algérie, ça n'avait pas été frappant. Quand je dis invisible, je veux dire quelque chose de mystérieux, cela pouvait être un souvenir, un événement. Mais personne ne chercha à en savoir davantage, ce qui était étonnant, car ici les commérages allaient bon train comme dans tout grand rassemblement humain. Peut-être Farny avait-il confié quelque chose à son ordonnance au sujet de sa relation avec le nègre, mais pour certaines raisons, je n'ai jamais pu m'en convaincre. Ce garçon, qui s'appelait Lohmer, était un Allemand propre et blond qui nous faisait pitié parce que le sergent avait mauvaise réputation et qu'en plus il était malade.

A la fin du voyage, Lohmer commença à se rapprocher de Seignac. Le nègre le tolérait en silence. Il lui rendait des services, lui rapportait des choses qu'il avait oubliées. Un jour, au moment de partir, Seignac ne retrouvait plus sa capote. Lohmer prétendit qu'elle avait été volée et il se mit en route pour aller la chercher. Il rapporta le vêtement et raconta qu'il avait découvert le voleur et qu'il l'avait assommé. Seignac lui paya un pichet de vin et un paquet de cigarettes. Plus tard, je lui dis :

« Lohmer a triché, c'est lui-même qui a caché la capote pour se donner de l'importance, ou alors Farny lui a donné le tuyau et tu es tombé dans le panneau. »

Seignac dit calmement :

« Grande nouveauté. Tu crois peut-être que je ne le sais pas ? Mais laisse-les faire. Ce qui en ressortira ne m'intéresse pas. Le mieux est que tu n'en fasses pas autant, Fred. »

Il était le seul à m'appeler Fred et je dois dire que cela m'a toujours fait plaisir. J'en étais même fier.

Un soir, nous arrivâmes au poste d'Atschana. La plaine était rougeâtre et au nord les montagnes étaient rouges. Une lumière claire apparaissait derrière les collines au sud. Le poste avait l'air ennuyeux. Les baraques avaient des toits en tôle ondulée, polis par le vent. Nous, les vingt nouveaux, étions là et nous laissions regarder par les pensionnaires. Le capitaine lui-même vint nous saluer. Avec sa moustache grise et touffue, il ressemblait à un Nietzsche souffrant d'adipose. Cependant, il était compatissant et nous demanda des nouvelles de notre santé. Puis on nous répartit dans les différentes baraques. Seignac et moi nous retrouvâmes dans la même section. Cela nous convenait, tout au moins à moi, et je crois que Seignac en était aussi satisfait, bien qu'il ait pris un air dédaigneux.

On s'habitue vite ici à un nouvel environnement. Huit jours plus tard, nous étions habitués. Peut-être le lieutenant Lartigue, qui commandait notre section, nous y a-t-il aidés ; il aimait parler avec nous de toutes sortes de choses, de musique et d'art. Seignac le nègre savait beaucoup de choses, il connaissait même les poètes modernes. Il parlait un français parfait. Qui sait, peut-être avait-il étudié à la Sorbonne ?

Grâce au lieutenant Lartigue, j'obtins une planque au bureau de la compagnie ; Seignac aurait été en fait plus compétent, mais sa couleur de peau jouait contre lui. Bien que les Français n'aient en général pas de préjugés raciaux exagérés, la couleur de la peau semble quand même jouer un rôle. Il en va ainsi de presque tous les Blancs. Ils ressentent le Noir comme leur mauvaise conscience, leur antipathie vient peut-être de là.

Je perdis Seignac un peu de vue : je ne dormais, en effet, plus dans le baraquement avec les hommes, mais — grand honneur ! — dans la chambre du sergent-major, un homme rusé qui savait s'occuper de son portefeuille et de sa petite amie créole qui était serveuse (barmaid serait beaucoup dire) dans le seul bistrot à cent kilomètres à la ronde. Au bout d'une semaine, mon chef se plaignit — il s'appelait Narcisse de son prénom et était comme son homonyme de la légende grecque épris de son visage — que ce maudit nègre tourne autour de son amie comme un sanglier ardent. Cela ne ressemblait pas à Seignac. D'ailleurs, sa présence me manquait. Le chef racontait en outre que le gars avait beaucoup d'argent, que ça rendait la fille folle et que le fait qu'ils avaient le même sang y était sûrement aussi pour quelque chose. Bref, le chef était si exaspéré qu'il prit de l'argent dans la caisse de la compagnie pour aller se soûler et offrir des toilettes (ce qu'on entendait là-bas par toilettes) à son amie. Je dus bien sûr le camoufler, ce n'était certes pas bien difficile avec cette comptabilité compliquée, mais ça m'a pris tout un après-midi et je dus encore passer la soirée à m'échiner dans le petit bureau. Je dus en outre effectuer une opération frauduleuse avec le Français qui s'occupait du dépôt d'alimentation, à propos de cinq sacs de farine et de trois sacs de café que le chef avait comptabilisés comme reçus et payés. J'aurais voulu parler à Seignac. D'où le nègre tenait-il soudain tout cet argent ? En Algérie, il était toujours sur la paille, nous mettions souvent notre argent en commun pour nous payer un litre de vin, et maintenant, il avait soudain un portefeuille bien rempli, ainsi que le chef l'avait appris par la créole.

Je voulus en avoir le cœur net et j'allai voir le téléphoniste qui s'occupait aussi du courrier. Oui, Seignac avait reçu une lettre de Paris, du papier parfumé, l'adresse avait manifestement été écrite par une femme ; il me dit avoir taquiné Seignac au sujet de la femme riche qu'il avait abandonnée. « Ce n'est pas ce que vous croyez, avait répondu Seignac avec une politesse désagréable, je n'aurais jamais importuné cette dame, mais cela s'est avéré nécessaire pour des raisons qui ne vous regardent pas. »

Le téléphoniste avait retenu la phrase mot pour mot et je reconnus bien le style affecté, typique de Seignac quand il s'énervait à propos de quelque chose. Pourtant, cette phrase me donna à réfléchir et je décidai d'aller voir Seignac. Il y avait encore de la lumière dans le baraquement ; de la porte, je vis la pièce que deux restes de bougie éclairaient faiblement ; Seignac répondit à mon appel. Nous allâmes jusqu'à l'enclos où dormaient les mulets de notre compagnie (nous avions des mulets, car notre compagnie était en partie montée). Là, nous étions sûrs de ne pas être dérangés.

« Ecoute... » dis-je. Il ne me laissa pas aller plus loin.

« Tu as besoin d'argent ? me demanda-t-il. Je serais bien venu te voir, mais je ne veux pas tomber sur Narcisse. Comme ça, c'est bien. Voilà... »

Il sortit son portefeuille et me tendit deux billets de vingt francs. Je me penchai en avant et vis que c'était tout ce qui lui restait.

« Oui, mais...

— Je sais, fit-il en m'empêchant de poursuivre, le chef t'a raconté que j'ai beaucoup d'argent, mais tu vois bien que je suis fauché. C'est vrai que j'ai reçu de l'argent, beaucoup d'argent même, mais il n'était pas pour moi. Je ne devais garder que cent francs. J'ai été bête de laisser voir toute la somme, mais j'espérais rencontrer l'homme auquel il était destiné. Ça (il montrait les billets que j'avais à la main), je l'ai gardé pour toi. Nous sommes amis, n'est-ce pas ? »

Je hochai la tête, embarrassé, pourquoi cet homme employait-il de si grands mots ? Amis ! Comme si cet état de fait avait besoin d'être exprimé !

« Oui, et il ne te reste rien, dis-je sur un ton plein de reproche.

— Je n'ai plus besoin de rien. »

C'était une constatation paisible et sa voix n'était pas triste. Je crois qu'il savait déjà à ce moment-là comment ça finirait. Il posa sa main fine et étroite sur mon bras, ses lèvres ne formaient qu'un trait fin dans son visage dont la peau paraissait, sous le clair de lune, transparente comme du miel très foncé. Car la lune brillait et posait sur tous les objets un voile peint d'une couleur lumineuse.

« Tu devrais me dire... dis-je.

— Oui, si cela en valait la peine. »

Seignac réfléchit, secoua plusieurs fois la tête. Il semblait enfin décidé à parler, il se pencha en avant.

A ce moment-là, nous entendîmes un cri provenant du poste, un cri désagréable à l'oreille, perçant et plaintif à la fois. Seignac me prit par le poignet. « C'est Farny, viens. » Je m'étonnai qu'il ait reconnu sa voix. Nous avons couru. En arrivant à une petite place située entre les baraquements, ils virent quelqu'un qui interpellait la lune en faisant des mouvements de nageur avec les bras. Un groupe assistait au spectacle, mais de loin, personne n'osait approcher. Seignac s'avança vers l'homme, c'était effectivement Farny, mais un Farny nouveau, avec des traits figés comme ceux d'un masque. Je ne le suivis que d'un pas hésitant ; mon Dieu, on n'est pas toujours courageux. Le clair de lune était peut-être aussi un peu responsable de ma lâcheté.

Seignac ne prononça pas une parole. Il est possible que ce soit sa taille qui intimidait les autres, car Farny était petit. Le nègre se contenta de faire un signe de la main et il s'avança. Les cris de Farny cessèrent tout net. Farny obéit au signe et suivit le nègre, il disparut ensuite par une porte et Seignac revint. « Dors bien,

Fred », me dit-il avant que l'ombre du baraquement ne l'engloutisse. Ce fut la dernière fois que j'entendis sa voix.

Plus tard, le chef m'expliqua que Farny avait bu toute la soirée au bar et qu'il avait aussi payé à boire à tous les autres. En rentrant, il avait commencé à faire du tapage et à crier, ne tolérant personne à côté de lui. Tous avaient eu peur de lui. Ensuite, le chef s'est encore plaint de sa petite amie. Il disait qu'elle s'était entichée du nègre, qu'elle n'avait parlé que de Seignac toute la soirée jusqu'à ce qu'il en ait eu assez.

Seignac fut trouvé le surlendemain à proximité du village arabe que nous appelions le ksar ; c'est justement Lohmer, l'ordonnance de Farny, qui a trouvé le cadavre. Je n'ai pas voulu voir le corps, j'ai seulement appris plus tard que sa nuque avait été fracassée. On admit, sans chercher plus loin, que le nègre avait été tué par des gens du ksar et au rapport le capitaine nous enjoignit clairement de ne pas pénétrer dans le ksar. Je ne suis pas allé à l'enterrement non plus, j'ai regardé depuis le mur du poste, le cimetière était tout à côté. Il y eut une discussion entre les officiers, à laquelle je fus convié : il s'agissait de la tombe. Les chrétiens ont une croix, les musulmans un croissant et les nègres (tout au moins ceux du Sénégal) dont on ne pouvait déterminer l'appartenance religieuse, un cœur. Je votai pour le cœur, bien que convaincu que Seignac était baptisé, mais le cœur me sembla mieux convenir à son personnage. Mon choix l'emporta. Au bout de la tombe, on planta un bâton sur lequel on cloua un cœur en fer-blanc peint en rouge. Ça rappelait un peu les images de mauvais goût du « sacré-cœur » qu'on trouvait chez les marchands de bondieuseries.

La mort de Seignac modifia l'atmosphère du poste.

Les premiers jours qui suivirent l'enterrement furent assez calmes. Seul un léger murmure, semblable à la brise du soir qui descend parfois des montagnes rouges, circulait de temps à autre dans la compagnie. Farny s'était fait porter malade. On disait qu'il souffrait d'un accès de fièvre ; le chef était de bonne humeur parce que son « rival » avait disparu.

Lentement, la passion du jeu envahit le poste telle une épidémie. Elle débuta dans la section où Seignac était caporal. Des nuits entières, on jouait au « vingt-et-un », le jour aussi et dès qu'on avait un moment de liberté — et en été, il y en a souvent —, on continuait le jeu. Il y eut des coups de couteau, beaucoup jouaient les gains d'une demi-année par avance et cinq Turcs que nous avions dans la compagnie faisaient office d'usuriers et prêtaient de l'argent à un taux de cent pour cent. A cela s'ajoutait la chaleur torride qui régnait sur le poste, le soleil brillait sans vergogne, et le pays de sable qui s'étendait jusqu'aux montagnes de pierre rouge était comme du fer fondu sur lequel nageaient, comme des impuretés, des buissons d'alfa gris. A l'heure du déjeuner, il était impossible de trouver de l'ombre. Dans les baraquements, bourdonnaient de gros essaims de mouches. Mais tout ceci ne suffisait pas à expliquer l'excitation qui montait lentement. Les vieux racontaient qu'il en avait été de même les étés passés, et que tous l'avaient supporté en silence. Pourquoi était-ce différent cette année ? La tension semblait même avoir gagné les mulets. Ce fut notamment le cas de Seppl, un animal gris et doux que Seignac montait. Il était d'ordinaire gai comme un philosophe pessimiste qui a un peu bu. Il dut rester quelques jours à l'écurie, parce qu'on n'avait pas besoin de lui. Puis il sortit pour un bref exercice de marche que le capitaine avait ordonné, peut-être pour détendre l'atmosphère. Seppl se laissa seller et monter par son nouveau maître. Mais quand la compagnie passa devant le ksar (beaucoup ont prétendu que ça s'était passé exactement à l'endroit où l'on avait trouvé le corps de Seignac, et c'était bien dans le ton de la superstition générale qui régnait), Seppl se cabra, son cavalier fit un superbe saut périlleux en avant et se cassa un bras. A cette occasion, Lohmer reçut un coup de sabot à l'abdomen et dut aller à l'hôpital. Personne ne lui rendit visite. Le bruit courut au poste que c'était lui l'assassin de Seignac. En effet, personne ne voulait croire à la culpabilité des Arabes. Il valait mieux que Farny reste dans sa chambre, car déjà à ce moment-là des petits groupes surveillaient sa porte.

Le capitaine fut content quand l'ordre arriva d'aller chercher un transport de nourriture à Midelt. Nous ne restâmes que quelques-uns au poste. Le chef, Farny, le cavalier amoché et son ordonnance Lohmer sont les seuls dont je me souvienne. Il y avait aussi un lieutenant un peu insignifiant dont j'ai oublié le nom ; il se montrait rarement, et quand il apparaissait, il marchait les yeux baissés et le dos courbé comme s'il portait un lourd destin. Quelques autres silhouettes se glissaient sous le soleil, des maraudeurs que l'on reconnaissait, mais que l'on oubliait aussitôt qu'ils avaient disparu, tant leur existence était d'ombre.

Un soir (la compagnie n'était toujours pas rentrée), Anny, l'amie créole du chef, fit irruption dans le poste et fit dans le bureau de la compagnie un vacarme indescriptible en me prenant à témoin. Elle semblait savoir que j'avais été le seul ami de Seignac. Je dus dire combien Seignac était un homme bon, et je n'y manquais pas, malgré le chef qui me regardait avec des yeux furieux. Anny s'écria qu'il était infiniment triste qu'un homme comme lui ait été victime d'un complot. Dans sa colère, elle révéla quelques petites choses. Elle accusa le chef de s'être assis, la veille de « l'accident » de Seignac (c'est elle qui utilisa ce mot), avec le sergent Farny et d'avoir soûlé l'ordonnance Lohmer. Anny hurla que ce qui s'était passé après était très clair. Le chef eut l'air embarrassé quand je le regardai d'un œil interrogateur, il se racla la gorge et prétendit que la fille était folle. Anny se mit alors à brailler si fort qu'on l'entendit dans tout le poste. Cela n'avait d'ailleurs pas d'importance puisque le poste était pour ainsi dire vide. Cependant, les ombres des maraudeurs se glissaient au-dehors et le lieutenant au destin funeste passa devant la porte et s'arrêta. Ceci explique peut-être pourquoi l'explosion put être retardée, pour n'en être que plus violente.

Ce qu'Anny criait aurait été comique s'il n'y avait eu derrière tout cela un événement de sa vie qu'elle avait vécu de façon intense. Seignac l'avait traitée avec respect ; il avait essayé de la convaincre de changer son mode d'existence : elle devait se chercher une place quelque part en ville ou bien travailler chez un fermier pour gagner sa vie au lieu de se faire entretenir par l'un ou par l'autre. Cela semblait avoir eu de l'effet sur Anny, personne ne lui avait sûrement parlé ainsi jusque-là. On apprit aussi que Seignac lui avait donné un peu d'argent pour faciliter son départ. Je dois avouer que saint Seignac dans le rôle d'un sauveur de jeunes filles perdues, d'un ange protecteur de couleur en quelque sorte, me parut un tantinet comique. J'étais cependant persuadé qu'il l'avait fait en toute honnêteté. Son comportement dans cette affaire collait bien à son personnage, et je commençai à penser qu'un comportement semblable avait joué un rôle dans l'affaire Farny. La fille lui aurait finalement peut-être obéi, car il ne faisait aucun doute qu'elle était amoureuse de lui, mais sa mort lui avait ôté tout prétexte pour rester plus longtemps. Le lendemain, elle quitta la place et partit avec l'un des camions qui allaient rechercher les hommes de la compagnie. Les hommes rentrèrent fatigués et en colère. Durant leur absence, le bureau arabe chargé des différends entre Blancs et indigènes avait minutieusement examiné les circonstances de la mort de Seignac. Le ksar avait été fouillé, mais on n'avait rien trouvé. Quand on informa notre capitaine que les recherches avaient été sans succès, il fit la grimace (je me trouvais justement à côté de lui) et je compris qu'il était au courant, mais qu'il résistait à sa conviction : il détestait en effet envoyer un de ses hommes en cour martiale. Cela lui faisait l'effet d'une intrusion dans sa sphère de pouvoir. Mais que devait-il faire du meurtrier ? Il rendit visite à l'ordonnance Lohmer dans sa chambre d'hôpital ; il y resta longtemps, on l'entendit crier et jurer. Plusieurs hommes prétendirent avoir nettement entendu les gémissements de l'Allemand. Le fait est qu'après le départ du capitaine, Lohmer cracha du sang : ses blessures internes devaient être graves. Il mourut dans la nuit qui suivit, seul. On l'entendit gémir jusqu'à minuit. Mais personne ne pouvait rien pour lui. Il n'y avait pas de morphine au poste et le médecin venait seulement quand on l'appelait.

Une fois, je me suis armé de courage et j'ai rendu visite à Farny qui était resté si longtemps invisible. Devant sa chambre, il y avait une pièce sombre qui servait de magasin à la compagnie. J'attendis là, car j'entendais Farny parler et je crus tout d'abord qu'il avait déjà de la visite. Mais il parlait d'une voix monocorde : on aurait dit qu'il avait commencé un discours des années auparavant et que ce discours durerait toujours sans pouvoir s'arrêter. Je frappai, il continua à parler, j'entrai. Au milieu de la petite pièce dont les murs étaient couverts de photos de femmes peu habillées de la *Vie parisienne,* il y avait Farny. Il me tournait le dos et parlait face au mur.

« Sur la montagne se tenait un ange au visage noir, il descendit vers minuit et sa voix ressemblait au grondement d'une violente tempête quand elle plie les palmiers. Toi aussi tu es venu comme le messager obscur du silence...

— Salut, Farny ! ai-je crié.

— Aux armes ! » hurla-t-il. Il se retourna, ses yeux étaient enflammés et les poils de sa petite moustache brillaient d'humidité. Le sergent était maigre et affaibli ; je pensais que c'était peut-être la fièvre qui le faisait parler de façon aussi apocalyptique, mais alors pourquoi n'était-il pas au lit ? Il me reconnut tout de suite.

« Alors gratte-papier, dit-il d'une voix braillarde, tu m'espionnes ? Ton ami le nègre n'est pas ici, cherche-le donc ! Mais avant, apporte-moi à boire. »

Dans un coin, sur la table, je vis une lettre, du papier bleu ciel, je louchai autant que je pus, mais ne réussis pas à lire ce qui était écrit. Je sortis et rapportai une cruche de vin.

« C'est bien, dit Farny, il faut toujours obéir à ses supérieurs, même quand on est un petit caporal cent fois minable. Car sinon... sinon... »

Comme il ne pouvait pas trouver la fin de sa phrase, il mit la bouteille à la bouche et but. Je me glissai jusqu'à la lettre. Une écriture de femme, fine...

« M. Seignac, à qui j'ai demandé de s'occuper de toi, doit te remettre une certaine somme qui facilitera ta fuite. »

Soudain, la lettre me fut arrachée des mains et j'atterris à quatre pattes devant la porte. Je m'estimai seulement heureux que Farny n'ait pas eu de clous à ses chaussures... M. Seignac ? Avant, on disait donc M. Seignac. Il avait été chargé de protéger un Blanc. Je trouvais que le rôle lui allait bien. Il était probablement issu d'une vieille race de chefs et avait sûrement en lui le besoin de dominer ; l'assistance et la protection d'autrui ne sont peut-être rien d'autre que des substituts de la domination.

C'est surtout le soir que la chambre de Farny, d'où sortaient ces bavardages monotones, exerçait sur les habitants du poste une attraction particulière ; comme il fallait s'y attendre, l'histoire d'Anny avait fait le tour de la garnison. Et plus elle était racontée de façon sentimentale, plus elle avait d'effet. Le personnage de Seignac devint un personnage de héros à la Schinderhannes[1], protecteur de l'innocence persécutée. Et sa mort demandait vengeance. Primitif, mais tout à fait compréhensible ! Sa mort était en même temps un exemple concret de l'oppression qu'on avait à endurer. Le bouc émissaire devait être Farny, dont le rôle dans le drame restait obscur, mais qui, en tant que supérieur direct, était plus détesté que les autres petits tyrans ou les officiers qui étaient trop étrangers et trop indifférents pour être l'objet d'une réelle colère.

Deux soirs, les hommes s'amassèrent devant le magasin de la compagnie, derrière lequel se trouvait la

1. Chef d'une bande de brigands dont on a fait une figure légendaire. *(N.d.T.)*

chambre de Farny. Une fois, j'observai l'attroupement : il avait quelque chose d'excitant. D'un côté, la voix monotone derrière le mur de torchis, de l'autre, le silence sourd de la masse. Lartigue, le lieutenant amateur de littérature, observait le phénomène de loin, le capitaine se fraya un passage à travers la foule, il prononça des paroles apaisantes, mais ne réussit pas à décharger la terrible tension de silence.

Le troisième soir enfin, l'explosion eut lieu, et à coup sûr à cause du silence absolu qui s'était installé derrière le mur de torchis. La voix monocorde semblait avoir eu un effet sédatif et maintenant qu'elle n'était plus là, le charme était rompu. Il y eut d'abord des appels : « Farny !... Assassin !... » Des poings levés menaçants. Les sous-officiers disparurent. D'une fenêtre du mess des officiers, le capitaine regardait le crépuscule grondant. Puis la foule fit irruption par la porte du magasin, je restai dehors, j'entendis la deuxième porte voler en éclats, puis des cris de colère.

Je savais déjà que la pièce était vide. Peu après le déjeuner, pendant que tout le monde faisait la sieste, j'avais vu une ombre se glisser jusqu'au portail, suivre la route jusqu'au ksar, courbée, et disparaître derrière une oliveraie. C'était sûrement Seignac qui avait négocié la fuite avec un indigène, et Farny n'était pas difficile : il se gardait bien de négliger les bienfaits de l'ange protecteur de couleur.

La foule recula ; un groupe se sépara d'elle. Il marchait en avant en traînant divers objets : une valise de bois, des bouteilles vides, du linge, des photos déchirées. Puis, dans un silence étrange, le cortège se dirigea vers le portail où la garde se joignit à eux. Je suivais aussi. En haut, à la fenêtre, le crâne chauve du capitaine brillait au clair de lune comme un plat d'argent.

On se dirigea vers le cimetière situé au bord du ruisseau ; je m'assis sur le mur de torchis qui l'entourait. Quelques-uns apportèrent de la paille, les autres de l'alfa sec. On en fit un grand tas : on y ajouta la valise, les photos et le linge de Farny. Une flamme blanche s'éleva dans les airs. Les biens de Farny furent brûlés sur la tombe du nègre ; on aurait dit un sacrifice expiatoire par lequel on cherchait à chasser un esprit. Le cœur en fer-blanc peint en rouge sembla s'embraser.

Ensuite, les hommes rentrèrent en silence au poste. Je suis allé boire quelque chose au bar. En revenant, j'ai rencontré le capitaine. « Tu crois que c'est fini ? » me demanda-t-il. Je hochai la tête. « Alors c'est bien. Et Farny, parti ? Dieu soit loué. Et je ne le ferai sûrement pas poursuivre. »

Le lendemain, régnait une ambiance lourde sur le poste. Le capitaine se promenait sur la pointe des pieds : il avait appris en trois ans de Maroc qu'il vaut toujours mieux maîtriser une révolte sans avoir recours à la discipline. Même l'auto de l'officier comptable, qui entra l'après-midi dans le poste, ne parvint pas à déranger le sommeil de la compagnie. Des spahis l'accompagnaient. Une dame était venue avec lui. Notre capitaine et le lieutenant Lartigue les conduisirent au mess. Ils avaient tous les deux la tête nue et portaient leur képi à la main. Peu après, je fus appelé à mon tour.

La dame était âgée et ses cheveux coupés court étaient aussi blancs que le casque colonial qu'elle tenait sur ses genoux. Je tiens à le préciser pour que l'on ne me soupçonne pas de vouloir raconter des sornettes romantiques. La vie, vous devez le savoir, est désespérément sentimentale.

« Voici l'homme en question », dit le capitaine

avant de repartir. Je me sentais mal à l'aise, parce que la dame me rappelait ma grand-mère qui avait assombri mon enfance avec son heure de morale quotidienne. La dame avait les mêmes yeux gris.

« Asseyez-vous, dit-elle. Comme M. Seignac n'a pas répondu à ma lettre, je suis venue chercher la vérité. Mon fils n'a pas répondu non plus. »

Elle se leva, alla rapidement vers la porte et l'ouvrit. Quand elle vit que la pièce était vide, elle se rassit.

« Il vaut mieux que personne ne nous entende, commença-t-elle. Le capitaine m'a dit que M. Seignac était mort, il est donc tout excusé. Et mon fils a disparu. C'est mieux ainsi, sinon il ne serait plus en vie. »

La dame parlait avec un calme bienfaisant. Elle sortit un étui à cigarettes de sa poche de veste et commença à fumer.

« Vous devez me parler de M. Seignac, Fred. Je connais votre nom, il me parlait de vous dans ses lettres. »

Je réussis avec bien du mal à rouler une cigarette que je puisse fumer. Je lui racontai ce que je savais, ce que je présumais, je lui parlai de l'ordonnance Lohmer qui s'était rapproché de Seignac pour ensuite le tuer et lui dis que Seignac savait exactement ce qui allait se passer.

« Oui, dit la dame, j'ai esquissé à M. Seignac un bon portrait de mon fils quand il a décidé de le chercher dans la Légion. Bien que je n'aie jamais compris comment il avait pu avoir cette idée. Il était peut-être amoureux de ma jeune sœur. Elle ne pouvait oublier mon fils et elle parlait toujours de cette histoire. M. Seignac était à l'époque sur le point de devenir une célébrité. Il avait publié un roman. Et ensuite, il est entré dans la Légion. C'est justement à cette époque

que nous avons appris qu'Edmond était devenu sergent dans la Légion... »

(Que Farny s'appelât Edmond, qu'une femme l'ait appelé ainsi quand il était encore petit ! Que cet homme visqueux et rance ait été autrefois propre, un enfant « flambant neuf », ça modifiait les contours de son personnage.)

« Je n'ai pas compris M. Seignac... Ma sœur ne voulait pas d'un Noir. Peut-être était-ce la raison ? »

Je fis la grimace, cela parut offenser la dame. Que savait-elle de Seignac ? Je ne pouvais pas lui faire un cours de psychologie pour lui expliquer qu'un romancier nègre civilisé pouvait aussi avoir envie d'aventure, et qu'il pouvait fort bien saisir la première occasion venue pour s'esquiver de la bonne société.

« Il m'a écrit que mon fils voulait déserter et que je devais envoyer de l'argent. C'est ce que j'ai fait. J'espère que je ne le reverrai pas. Mais vous ne devez pas parler de l'argent, je n'ai fait que mon devoir. »

Le mot « devoir » était toujours la dernière échappatoire pour la génération à laquelle cette dame appartenait. Elle se leva, j'étais congédié. En sortant, je pensai que ma grand-mère aurait parlé comme elle.

Je n'ai plus jamais entendu parler de Farny. J'ai revu une fois Seignac et si ce n'était pas lui, c'était un Noir qui lui ressemblait, c'était dans un film moderne. Il était nu, son corps était très beau. Il portait sur le dos un chevalet qui était censé représenter des ailes. Il prenait un petit garçon touché par une boule de neige dans ses bras et l'emmenait, puis il revenait et prenait, dans le jeu de cartes d'un jeune homme, l'as de cœur. Le film était de Cocteau. Mais ce monsieur ne pouvait rien savoir du cœur rouge qui surmonte une tombe, au Maroc.

Meurtre :
une histoire de la Légion étrangère

Le dimanche, à dix heures, le petit Weichhardt arriva avec un détachement de vingt hommes à Sidi-bel-Abbès, le lundi il faisait la connaissance du sergent Saduner, le jeudi il recevait la prime de deux cent cinquante francs pour son engagement dans la Légion étrangère et le vendredi aux environs de huit heures du matin il était transporté, la gorge tranchée et les poches vides, sur une civière dans la cour de la caserne.

Le premier qui vint voir la civière fut le commandant Constant. Il souleva le drap. Un nuage noir de mouches bourdonnantes s'éleva pour replonger aussitôt après sur la blessure béante.

« Où l'avez-vous trouvé ? En bas, dans le village nègre ? Au bord du fleuve ? C'est la patrouille qui l'a trouvé ? Quand ? Tiens, tiens, à six heures. Et vous arrivez seulement maintenant ? Inouï. Quel désordre ! »

Le commandant alla jusqu'au bâtiment du milieu, ouvrit la porte qui conduisait au bureau du colonel Boulet-Ducarreau et raconta l'incident au gros homme qui somnolait à son bureau. Le colonel rondouillard ne se laissa pas ébranler :

« Un de plus, un de moins, grommela-t-il dans sa moustache, nous avons assez d'hommes, on nous en envoie suffisamment. A quoi bon s'énerver ? Appelez Vaganass, Constant. »

Vaganass avait été par le passé avocat à Odessa. Il avait un nez en forme de patate et des jambes arquées. Il était en outre sergent, rédigeait les actes d'accusation pour la cour martiale à Oran, et y servait d'interprète.

« Vous êtes déjà au courant ? » lui demanda le colonel quand il entra. Vaganass opina et s'assit sur une chaise avant même qu'on l'en ait prié. Il exprima clairement son point de vue :

« Je vais appeler les gens de la sécurité militaire pour essayer de savoir qui le garçon a fréquenté ces derniers jours. Le meurtrier se trouve vraisemblablement parmi ceux qui seront bientôt libérés. Je demanderai aussi le rapport du chef de patrouille dans le village nègre. C'est le quatrième meurtre en six mois », constata-t-il froidement.

Le chef de la patrouille n'avait rien vu. Mais Beucler, un Luxembourgeois marqué de la petite vérole qui était le chef de chambrée des nouveaux venus, raconta que le petit Weichhardt était sorti deux fois avec le sergent Saduner. Vaganass lui donna un laissez-passer et le chargea de retrouver le sergent Saduner. Le colonel offrait cinquante francs pour la capture du meurtrier. Beucler fit un rapide calcul : cinquante francs, ça faisait cinquante paquets de cigarettes et vingt-cinq litres de vin. Il partit à sa recherche.

Une lumière blanche emplissait la cour de la caserne jusqu'aux toits qui brillaient comme de l'acier. Quelques rares arbres jetaient des ombres grises. C'est sous cette chaleur blanche que le sergent Saduner se dirigeait, les genoux fléchis, vers la cantine qui se trouvait dans un coin tout près du bloc de la prison. Beucler le rattrapa et lui tapa doucement sur l'épaule. Saduner sursauta et fit battre ses paupières tatouées.

« Qu'est-ce que tu veux ? » lui demanda-t-il d'une voix rauque. Ses mains tendues tremblaient, la peau de son visage marquée de points bleus se décomposait, et son corps était tout mou dans son uniforme jaune fripé.

« Tu viens de laver ton uniforme ? » demanda Beucler en le lorgnant du coin de l'œil. A la cantine, Saduner commanda un litre de rosé et paya avec un billet de cent francs. Les deux hommes prirent place. Derrière le comptoir, le gros Espagnol s'endormait. Il faisait sombre et frais et les mouches bourdonnaient dans les odeurs aigres de vin.

« Et tu as aussi de l'argent, tu as tant d'argent que ça ! » dit Beucler d'un ton flatteur. Saduner rit, toussa, cracha par terre. « Des économies », dit-il brièvement. Puis ils se turent à nouveau et burent leur vin.

« A propos, dit Beucler, tu connaissais le petit Weichhardt qu'ils ont trouvé ce matin ?

— Si je le connaissais ? » répéta Saduner en dessinant une tête et deux yeux avec le vin qu'il avait renversé. A l'endroit du cou, il fit une rayure dans le bois avec l'ongle du pouce.

« Tu es bien allé le chercher plusieurs fois le soir ?

— Allé le chercher ? répéta Saduner d'un air ahuri.

— Où étais-tu hier soir ? »

Saduner éclata de rire, ce qui le fit tousser à nouveau. Il finit par balbutier en vitesse :

« Hier soir ? C'était bien, je te dis. Une négresse, je te dis. Et pas chère. Une négresse. Ha, ha !

— Donc, tu étais bien au village ?

— Au village nègre ? A la villa Schneck ? Non, non, dans un bistrot espagnol. Une domestique. »

Puis Saduner se remit à regarder avec indifférence devant lui. Beucler comprit qu'il n'en saurait pas plus pour le moment. « Allons en ville », dit-il.

Le sergent était d'accord. Il faisait les cent pas dans la pièce étroite. Il faisait le mouvement de la scie avec son index au-dessus de la pomme d'Adam en faisant « couic, couic ».

« Attends, je viens avec toi ! » lui cria Beucler, mais Saduner continuait d'avancer ; il traversa la cour d'un pas assuré, s'arrêta devant le sous-officier qui montait la garde et sembla lui expliquer quelque chose avec peine. Je ne sais quasiment rien. Il a très bien pu se moquer de moi, se dit Beucler. Saduner se dirigeait vers la sortie. Beucler le rattrapa et le prit par le bras. Ils descendirent dans quelques bars où des Espagnols fatigués qui portaient des cravates multicolores crachaient la fumée par leurs narines jaunes. Des femmes d'officiers se promenaient dans la rue.

Les deux hommes arrivèrent par la grande place d'armes qui sépare la ville du quartier arabe. La tour blanche de la mosquée se dressait dans le ciel aux couleurs vives de carte postale. Ensuite, commençait le village nègre. Une ruelle étroite et sale avec des maisons colorées des deux côtés, avec des portes ouvertes dans lesquelles des femmes de toutes les races étaient accroupies. Elles étaient maquillées de façon voyante et charmaient les passants avec des paupières fatiguées. Derrière elles, dans des pièces sombres, on voyait le lit. Des Arabes, petites avec des taches rouges sur les joues et des tatouages sur le front, des négresses qui faisaient des mouvements circulaires avec le ventre, la tête appuyée contre le montant de la porte. Des vieilles Françaises aussi, la peau du visage rugueuse comme les vieux tuyaux de caoutchouc. Toutes faisaient des signes et braillaient de temps en temps. De jeunes garçons portaient des gâteaux poussiéreux sur des assiettes de bois. Un nègre décharné faisait cuire des petits morceaux de foie embrochés sur du fil de fer. Saduner acheta une brochette et la mangea bruyamment.

La ruelle débouchait sur une place silencieuse. Il y avait à droite un bâtiment qui ressemblait à un cube d'argile affaissé. Saduner tira Beucler par la porte ouverte. Sur le mur du fond, se dressait un personnage géant dont le visage foncé luisait. Beucler prit peur quand il vit le mulâtre embrasser Saduner et regarder l'espion avec des yeux blancs et méfiants. Saduner s'assit sur le sol et dit : « Milhoud, donne le kif. » Milhoud sortit un petit sac de cuir de sa ceinture et remplit sa pipe de terre rouge gros comme un dé avec un mélange de feuilles de chanvre finement hachées et de poussière de tabac. Il mit un charbon brûlant sur l'herbe, prit une bouffée et tendit la pipe à Saduner. Celui-ci la fuma en deux bouffées et rendit la pipe.

« *Amr Sbsi*, ajouta-t-il, remplis-moi la pipe. »

Dans la petite pièce, ça sentait les cigarettes à l'eucalyptus, mais il y avait aussi le parfum de prairies lointaines qui séchaient au soleil ainsi que l'odeur des grandes plaines battues par le vent à midi. La fumée semblait faire son effet. Saduner se mit soudain à parler de façon décousue. Beucler s'était mis dans un coin et regardait le bavard d'un œil inquiet.

« Ha, ha, ha ! couic, couic ! dit Saduner en passant son index sur le cou. Chez une négresse hier. Milhoud était là. N'est-ce pas, Milhoud ? Ça, là, c'est un espion. Milhoud est témoin que j'étais chez lui hier, mais tu crois que j'ai tué le petit. Tu crois que je ne sais pas que tu fais partie des services spéciaux ? Le vieux Saduner n'est pas un imbécile, il sait ce qui se passe. Il reconnaît les espions à leur regard. Déjà, à la cantine, je t'avais reconnu. Mais je vais quand même te raconter l'histoire. Une belle histoire. Dois-je lui raconter l'histoire, à cet espion qui travaille pour les peaux de vache là-haut ? Car Milhoud était là aussi. Tu ne peux pas nous attraper. Nous partons tous les deux, loin, n'importe où dans le bled, au Maroc. Et le sergent Saduner aura beaucoup de femmes et aussi beaucoup de petits garçons, autant qu'il veut. Il sera cheikh dans une tribu. Ils peuvent le chercher longtemps. Le petit avait quatre cents francs sur lui. Des économies de là-bas et la prime. Et c'est lui-même qui a acheté le rasoir. Il a dit, Saduner, tu as le visage râpeux, je vais t'acheter un rasoir. Et il l'a acheté, ainsi qu'un blaireau et du savon. Ça ne lui a servi à rien. Il devait mourir. J'ai dû me crever pendant douze ans. Et maintenant, je dois rentrer en Europe où personne ne me connaît ? Et je ne peux pas rester ici non plus. Je dois repartir là-bas. Le règlement l'exige. Alors, je préfère crever ici. C'est plus marrant. Avec Milhoud, avec mon ami Milhoud. Milhoud connaît le coin, il connaît le chemin qui mène à Figuig. Ce n'est pas un espion qui nous en empêchera. Tu as vu que j'avais lavé le costume kaki, et que j'ai fait "couic couic". Tu as tout de suite compris. A la caserne, tu aurais été obligé de m'arrêter. Maintenant, cela ne te servirait plus à rien de me dénoncer. Je dirai seulement que tu racontes une histoire pour toucher la prime de cinquante francs. Oui, ça aussi, je le ferai. »

Beucler porta deux doigts à sa bouche et émit un sifflement strident. Mais une main large le frappa à la tête et il s'étala sur le sol. Saduner gloussa comme une fille qu'on chatouille. Son rire ne voulait pas finir.

« Tu voulais appeler la patrouille. Le chef de la patrouille d'hier m'a vu, mais il ne m'a pas reconnu. Et le petit avait un manteau sur lui, le manteau de la femme de Milhoud. La femme de Milhoud aura une chaîne de corail. Et puis, au bord du ruisseau, je l'ai simplement pris par le cou, pourquoi aussi m'aimait-il bien, et puis avec le rasoir... Quatre cents francs. Va chercher du vin, Milhoud, j'ai soif. »

Il fit encore quelques pas de danse et s'effondra de fatigue. Il était allongé sur le sol, la bouche ouverte. Le grand mulâtre était agenouillé près de lui. Il puisait avec sa main de l'eau dans un tonneau et la faisait couler sur le front de l'homme évanoui. Ce faisant, il murmurait des paroles incompréhensibles. Saduner ouvrit les yeux et se releva lentement. « Beaucoup d'argent », bredouilla-t-il, et le mulâtre hocha la tête. « Ils ne t'attraperont pas, et moi non plus. »

Beucler essaya de se relever, mais le mulâtre le regarda d'un air menaçant et lui fit le geste d'un coup de poignard. C'est pourquoi il se rassit dans le coin en regardant les deux hommes; Milhoud porta Saduner à la porte.

C'est seulement dix minutes plus tard que Beucler se décida à sortir. La petite place était vide. La rue de la joie était muette. Il était tard. Dans le lointain, on entendait un clairon.

Dans le bureau du colonel, Beucler raconta toute l'histoire. Au bord du bureau, le commandant Constant se balançait sur une fesse. Le colonel riait.

« Pourquoi lui a-t-il offert un rasoir? C'est sa faute s'il a été assassiné avec. »

Constant hocha énergiquement la tête en signe d'approbation à la bonne plaisanterie de son supérieur, et Vaganass qui se tenait à côté de lui fit une mine renfrognée.

Dix commandements pour le roman policier par Stefan Brockhoff

Un communiqué de Stefan Brockhoff, auteur d'un nouveau roman qui débutera dans le prochain numéro : *Trois kiosques au bord du lac.*

Un roman policier est un jeu. Un jeu entre les personnages du roman, et un jeu entre l'auteur et le lecteur. Au premier abord, l'auteur semble très à son avantage. Il distribue les cartes en veillant jalousement à ce que son partenaire ne reçoive qu'un choix bien précis. Mais c'est justement parce qu'il peut, tel le Bon Dieu, distribuer les lots, qu'il devrait avoir le devoir de ne pas tromper ses lecteurs au jeu et respecter certaines règles, sans lesquelles le roman policier n'est que trucage déloyal. Voilà pourquoi j'ai dressé un tableau des commandements et des interdits, je les confie aux lecteurs de mon nouveau roman afin qu'ils puissent, durant le jeu auquel nous allons participer, vérifier si je joue loyalement ou pas. Je sais que je me rends la tâche difficile en m'engageant à suivre des règles que je dois respecter et sans lesquelles il me serait plus facile de jouer. Mais, espérant jouer loyalement, je ne crains pas de me faire surveiller. Alors attention, les dix commandements pour le roman policier vont maintenant vous être révélés.

1. Tous les événements qui se déroulent au cours du roman doivent être expliqués, toutes les énigmes résolues à la fin. S'il survient dix cambriolages, vingt enlèvements et trente meurtres, ces dix cambriolages, vingt enlèvements et trente meurtres devront être expliqués à la fin. N'ayez crainte ! Les choses ne sont pas si terribles qu'elles en ont l'air. Mais tout ce qui arrive dans mes romans trouve une explication, contrairement à un certain classique du roman policier chez lequel il s'en passe trois fois plus, et où seulement la moitié est expliquée.

2. Les événements qui sont présentés au lecteur ne doivent pas être inventés pour l'induire en erreur. Tout ce qui arrive doit avoir sa place légitime dans la structure du roman. Celui qui invente des épisodes dans le seul but d'orienter les soupçons du lecteur dans une mauvaise direction est un partenaire déloyal.

3. L'auteur ne doit pas vouloir être original à tout prix. Quand un meurtre est commis, il doit l'être avec des moyens usuels, revolver, fusil, poison et autres belles acquisitions de l'esprit humain. Il y a des auteurs de romans policiers qui se cassent la tête nuit et jour pour faire tuer quelqu'un de manière originale. Pour ce faire, ils inventent des appareils compliqués, des rayons mortels, des animaux dressés pour tuer et autres choses de ce genre. Il arrive un moment où le raffinement tourne à la bêtise.

4. Le meurtrier doit être un homme, certes un homme méchant (en général), mais tout de même un homme. Il ne doit pas posséder de forces surhumaines, ne doit pas travailler avec des moyens occultes, mais il doit accomplir ses actes comme les hommes le font

généralement. Il ne doit pas disposer de possibilités illimitées, ne doit pas être à la tête d'une bande de deux cents hommes, ni être le chef déguisé d'une machine policière gigantesque qui dispose de moyens énormes. L'auteur doit aussi renoncer si possible aux passages souterrains, aux trappes qui se referment très vite et autres artifices romantiques, et ce afin de ne pas avoir la partie trop facile par rapport au lecteur.

5. Le détective doit lui aussi être un homme, certes un homme adroit et ingénieux, mais tout de même un homme. Il ne doit être ni omniscient, ni omniprésent, parce que ce sont des qualités dont un homme ne dispose en général pas. Pour trouver, il doit chercher, pour élucider il doit faire travailler son cerveau d'homme. Un détective qui, tel le Bon Dieu, devine tout avant tout le monde, qui se trouve toujours là où il faut, qui d'un seul coup comprend tout, est certes un phénomène imposant, mais ses qualités sont trop belles pour être vraies.

6. Un roman policier doit montrer le combat entre les ruses d'un meurtrier et le raisonnement intelligent et méthodique d'un détective chargé de le démasquer. En revanche, il ne doit pas ressembler à un rapport de guerre où sont racontés les batailles d'artillerie et les mouvements de troupes, où est déployé l'arsenal de peuples entiers et où les cadavres tombent de tous les côtés. Etre passionnant, c'est son devoir, l'être avec les moyens les plus simples, c'est son art.

7. Dans l'enchevêtrement des actions et des personnages, le meurtrier doit être à la bonne place. Le lecteur doit le connaître, mais pas le reconnaître. Il doit avoir un rôle suffisamment grand pour qu'on montre un intérêt pour lui et pour ses actes ; il ne doit donc pas être un personnage complètement en marge de l'action.

Il ne doit pas non plus être trop au premier plan, afin qu'il ne se trahisse pas trop facilement. Lui trouver la bonne place est un des devoirs essentiels de l'auteur.

8. Tout ce qui arrive dans un roman policier ne peut pas être montré. Les mobiles, les protagonistes, les moyens d'exécution doivent certes la plupart du temps rester dans l'ombre, mais le lecteur doit apprendre quelque chose de tout ce qui se passe, que ce soit l'effet final, une conséquence ou un indice quelconque qui renvoie au meurtre. Il ne doit jamais rien arriver dont le lecteur n'ait connaissance qu'à la fin. Certes, l'auteur doit cacher beaucoup de choses, mais il ne doit jamais les cacher complètement, il doit toujours en laisser voir une petite part.

9. L'auteur ne doit pas fatiguer son lecteur. Les débats juridiques sans fin, les procès-verbaux circonstanciés, les descentes de justice cérémonieuses sont à éviter. Tout ce qui contribue à la connaissance des faits doit, bien sûr, avoir sa place, mais tout ce qui a sa place doit être vraiment indispensable à l'action et à son dénouement. Certes, le lecteur ne pourra pas toujours, au cours de sa lecture, mesurer la signification de telle scène ou de telle conversation, mais il doit apprendre à la fin que c'était significatif et dans quelle mesure ça l'était.

10. Il est souhaitable que les événements soient vraiment présentés au lecteur et qu'il les vive. Il doit autant que possible avoir le sentiment d'avoir été là à chaque fois. Il ne faut pas que quelqu'un vienne après coup lui raconter qu'il s'est passé quelque chose, et où ça s'est passé, mais il doit voir les événements avec ses propres yeux. Les comptes rendus faits par un intermédiaire deviennent vite ennuyeux et affaiblissent la force des événements. Le lecteur doit pouvoir suivre

les personnages en action avec ses yeux. Il ne doit pas faire qu'écouter ce qu'on lui raconte, mais regarder ce qui se passe, être là.

Ce sont les dix commandements que nous voulons suivre. J'espère que je n'y ai pas failli. Dans mon premier roman, *Feu sur la scène*, il y avait peut-être encore quelques coups aveugles, mais mon deuxième, *Musique dans la ruelle des morts*, jouait déjà une mélodie plus juste. Maintenant, j'espère que vous mettrez une bonne note à mon troisième, *Trois kiosques au bord du lac*, et que vous vous divertirez en le lisant comme on aime le faire dans un jeu honnête et loyal. Soyez attentifs, et si vous trouvez que j'enfreins les règles du jeu, faites-m'en part.

Lettre ouverte sur les « Dix commandements pour le roman policier » par Friedrich Glauser

La Bernerie (France), le 25.3.37

Cher collègue,

Il y a quelque temps, vous avez publié, depuis le mont Sinaï du *Zürcher Illustrierte*, « Dix commandements pour le roman policier » et j'aurais aimé discuter avec vous des exigences que vous posez. Certaines de vos affirmations ne m'ont pas convaincu et j'aurais voulu vous faire part de mes remarques oralement. Il ne me semble, en effet, pas juste que vous ayez à supporter en silence mon monologue sans pouvoir intervenir pour corriger ou rectifier une éventuelle erreur ou une mauvaise interprétation de vos pensées. Mais puisque nous ne pouvons pas nous rencontrer — tout comme les deux enfants du roi —, notre discussion, discussion paisible et amicale, devra se poursuivre dans les colonnes du *Zürcher Illustrierte*. Elle prendra la forme d'un petit tournoi de poésie dans lequel le public jouera le rôle d'Elisabeth (c'est bien ainsi que s'appelait la dame pour laquelle Wagner a composé l'entrée des Chanteurs ?). Sans accompagnement musical. Et c'est bien ainsi.

J'ai toujours trouvé que l'Ancien Testament, en établissant les dix commandements — dont la transgression, soit dit en passant, nous fournit toujours de la matière pour nos romans —, avait créé un précédent. Tous ceux qui éprouvent le besoin de donner des instructions à leurs semblables tourmentés se sentent, depuis ce temps, obligés d'articuler leur discours en dix parties, même si cinq, quatre ou trois commandements suffiraient. C'est ainsi qu'on nous a assené les « Dix commandements pour la maîtresse de maison » et les « Dix commandements pour les vieux garçons ». Les propriétaires d'aspirateurs et ceux qui écoutent la radio ont eux aussi été jugés dignes d'être tracassés avec le chiffre dix.

Dix commandements !... Soit. Et pourquoi pas dix commandements pour le roman policier ? Vous me permettrez toutefois de faire remarquer qu'un roman policier étant un produit de l'homme, une chose sans vie n'a rien à faire de commandements. Les commandements s'adressent en fait à l'auteur. Mais je veux bien admettre que la formule « Dix commandements pour l'écrivain » n'aurait pas été très heureuse...

En contrepartie, admettez ceci : une partie de vos exigences va de soi. Dans ses statuts, le Detection Club de Londres qui regroupe quelques écrivains du genre qui nous intéresse — Agatha Christie, Dorothy Sayers, Crofts, Cunningham — prescrit à ses membres ce que vous développez, cher collègue : vraisemblance de l'action, renoncement aux bandes dirigées par des chefs, jeu loyal, limitation des sensations inutiles, correction du langage.

Langage correct. Dans notre cas, allemand correct.

Ce postulat manque dans vos commandements. Ce postulat vous semble probablement si évident que vous ne l'avez pas mentionné.

Le roman policier tel qu'il fleurit, foisonne, prolifère dans les pays anglo-saxons est, comme vous le dites très justement, un jeu ; un jeu auquel on joue selon certaines règles. Le respect de ces règles va en général de soi, mais il est cependant parfois difficile de les respecter. Là, vous me donnerez raison.

Par le côté ludique qu'il a en lui, le roman policier s'apparente à son noble frère qui s'appelle « roman » tout court, et revendique le droit de compter parmi les œuvres d'art. Et ces œuvres d'art ont été lues jusqu'à ce qu'elles deviennent des produits artistiques, des produits artificiels, l'affaire de certaines cliques, de quelques snobs. Jusqu'à ce que l'auteur fasse dans la philosophie, la psychologie, la métaphysique et oublie les exigences essentielles du roman : fabuler, raconter, mettre en scène des hommes, leur destin, l'atmosphère dans laquelle ils évoluent. Le bon roman devait aussi contenir du suspense. C'était un autre suspense que celui qui règne dans les romans policiers, mais il devait y avoir un suspense.

Et c'est précisément parce que le roman rejeta le suspense comme n'étant pas un élément artistique que le frère méprisé, le roman policier, a connu le succès qui le fit apparaître aux yeux de certaines personnes comme un parvenu.

Mais vous savez tout cela mieux que moi et ce n'est pas pour vous faire un exposé sur l'évolution du roman que je vous écris. Cet avant-propos était cependant nécessaire.

Le roman policier n'a gardé qu'une seule des composantes du roman : le suspense. Une sorte particulière de suspense. Lui aussi fabule un peu, mais sans s'éloigner des chemins sûrs. Et c'est volontairement qu'il renonce à l'essentiel : la peinture des hommes et de leur combat avec le destin.

Les hommes et leur destin ! Le roman policier renonce consciemment à cette qualité artistique. Dans sa forme actuelle, il est logique et abstrait. Et voici ce que je voudrais avant tout répondre à vos « Dix commandements » : dans un roman écrit d'après cette recette, le destin n'a pas sa place. Le meurtre, le meurtre simple, double, triple au début, au milieu et peut-être aussi vers la fin, ne survient que dans le but de donner à une machine pensante matière à des déductions logiques. J'admets que cela peut être attrayant. Quand la méthode était neuve — pensez au *Double assassinat dans la rue Morgue* et au père de tous les Sherlock Holmes, Hercule Poirot, Philo Vance, Ellery Queen, au grand-père de tous les inspecteurs et commissaires de Scotland Yard : au chevalier Dupin d'Edgar Allan Poe —, quand la méthode était neuve, elle était même artistique, mais peut-être pour la seule raison qu'elle était utilisée par un poète. Maintenant elle est usée, pour ne pas dire insipide.

Un soi-disant bon roman policier — que son héros fasse partie des autorités ou qu'il s'agisse d'un détective privé — est toujours construit de la façon suivante :

Au début, l'auteur a dressé la liste des personnages et l'a imprimée au dos de la page de titre afin de faciliter la lecture ; au premier chapitre a lieu le meurtre. Ensuite, les pages sont vides et ennuyeuses jusqu'à l'apparition du limier. Celui-ci est un homme, « certainement un homme adroit et ingénieux » (comme vous le dites), avec un regard de psychologue. Il utilise ce regard pour élucider les mystères. Et chaque personnage du roman en a un et veille dessus avec beaucoup d'attention. Mais cela ne lui sert à rien, car le limier apparaît, jette à la personne son regard de psychologue et recueille des aveux complets accompagnés des indices nécessaires. Il n'a qu'à tendre la main. Le même processus se répète avec les autres personnages et quand le limier a jeté sur tous son regard de psychologue et obtenu ce qu'il voulait, il s'en va avec ses renseignements sous le bras cueillir le meurtrier. La solution l'attend comme une petite fleur sur le chemin. Le limier met la petite fleur solution sur son chapeau ou à la boutonnière et poursuit son chemin à la rencontre de nouveaux crimes. Le meurtrier, « à coup sûr un homme méchant (en général) » — comme vous le dites —, le meurtrier expie ses méfaits sur la chaise électrique, sur la guillotine ou au bout d'une corde, quand il ne préfère pas se suicider. Bien. Tout est bien ! Mais pourquoi le coupable est-il « à coup sûr un homme méchant » ? Y a-t-il des hommes à coup sûr méchants en général, et des hommes peut-être bons en particulier ? Y a-t-il des gens bons et des gens méchants ? Les hommes ne sont-ils pas tout simplement des hommes — ni des bêtes ni des saints —, des hommes dans la moyenne, ni des héros, ni des limiers, ni des hommes adroits et ingénieux, ni des hommes à coup sûr méchants, mais tout simplement des hommes, qu'ils s'appellent Glauser, Brockhoff, Hitler, Riedel ou Emma Künzli et Guala ? N'avons-nous pas, nous, écrivains — même si nous créons du suspense, même si nous idéalisons —, le devoir de sans cesse rappeler (naturellement sans faire de sermon) qu'il n'existe qu'une différence infime, à peine visible, entre « l'homme à coup sûr méchant (en général) » et « celui qui est adroit, ingénieux et raisonne avec méthode » ? Vous voyez, certaines questions me tourmentent comme les taons en juillet. Mais si vous réprouvez les trappes, les bandes, les appareils compliqués, les rayons mortels, si vous êtes prêt à supprimer la « magie romantique » et que vous la réprouvez, alors vous devez aussi renoncer à la distinction entre bon et méchant. Car cette distinction est un artifice romantique tout aussi paresseux que les pauvres trappes et autres accessoires d'une époque qui était plus naïve que la nôtre.

L'intrigue d'un roman policier se raconte en une page et demie. Le reste — les cent quatre-vingt-dix-huit pages dactylographiées restantes — ne sont que remplissage. Tout dépend de ce qu'on en fait. La plupart des romans policiers sont, dans le meilleur des cas, des anecdotes prolongées, car à l'époque chaotique où nous vivons, la différence entre les catégories littéraires ne se fait plus d'après le contenu, mais seulement d'après la longueur : trois pages : *short story*, histoire courte ; quinze à vingt pages : nouvelle ; cent pages : roman court. Oui, ça existe ! Ne riez pas. Le roman court a été inventé par des gens qui ne connaissaient pas l'anglais et qui ont traduit *short novel*, qui était seulement une histoire, par roman court. Au-dessus de cent pages, commence le roman, le roman policier, cette chose bâtarde qui se situe entre les mots croisés et le jeu d'échecs...

Pourquoi n'est-il rien de plus ? Pourquoi n'aspire-t-il pas à être davantage ?

Les gens qui y apparaissent ne sont — habituellement, il y a des exceptions — rien d'autre que des distributeurs automatiques tels qu'on les trouve dans les gares : peints en bleu, en vert, en jaune. Au lieu d'une vulgaire pièce de vingt centimes, le limier y jette, dans une fente invisible, son regard de psychologue. Ce ne sont pas des hommes. Ils sont, ces automates (et vous les connaissez aussi bien que moi : l'épouse du millionnaire ou la fille du millionnaire, le maître d'hôtel, qui s'appelle en général Butler, le médecin — fripon ou pas —, la femme de chambre, le secrétaire ainsi qu'ils s'appellent), ils sont dans le vide. Toutes les demeures, tous les buildings, tous les palais de millionnaires qui nous sont présentés n'ont en effet même pas la réalité tangible d'un quai de gare exposé aux courants d'air (endroit où devraient être les distributeurs automatiques) avec ses odeurs de charbon de bois, avec sa salle à bagages qui sent le cuir et le tabac, avec la musique monotone de ses dispositifs de signalisation...

Le suspense est un élément remarquable; il facilite l'effort de lecture. Il détourne l'esprit accablé par les soucis des désagréments de la vie, il aide à oublier. Exactement comme un schnaps quelconque, exactement comme un vin quelconque. Et de même qu'il y a le vrai kirsch et l'imitation, il y a le suspense et le faux suspense. Et ce que j'appelle faux suspense, c'est le suspense qui n'a qu'un seul but : le dénouement, la fin du livre. Il ne permet pas, ce substitut de suspense, de regarder chaque page du livre comme un moment présent dans lequel le lecteur vit pendant des minutes ou des secondes. Et c'est seulement si ces laps de temps très courts, ces minutes et ces secondes, s'étendent à des jours, à des mois, exactement comme dans le rêve, que l'authenticité du suspense est prouvée. Si le suspense nie le présent, c'est le futur qui en fait les frais. Et encore cela reste-t-il, dans le cas de la lecture d'un livre, inoffensif. Seuls un goût bizarre dans la bouche et un sentiment de vide dans la tête font penser que le suspense était faux. Il ne visait que la solution, il a oublié de susciter les bons rêves, rien ne résonne parce qu'on n'a rien fait vibrer en nous. Cette hâte de l'avenir au détriment du présent n'est-elle pas le malheur de notre époque? Nous avons complètement oublié qu'il existe un présent qui veut être vécu. Nous avons oublié que ce présent vaut la peine d'être vécu et qu'il ne faut pas l'avaler comme un goinfre qui engloutit de la soupe, de la viande, des légumes, parce qu'il ne pense qu'au gâteau qui l'attend à la fin du repas. L'homme actuel se comporte comme un coureur cycliste qui traverse, haletant, la plus belle des contrées dans le seul but de gagner un quelconque maillot de couleur dans lequel il n'aura pas l'air plus beau : au contraire, il ne fera que rendre plus évidente sa ressemblance avec un petit singe malade.

Il devrait être de notre devoir de susciter la réflexion et la méditation avec nos propres moyens, aussi modestes soient-ils. Croyez-moi, cela vaut la peine de décevoir ceux qui, après avoir lu les dix premières pages du livre, feuillettent les dernières pour savoir aussi vite que possible qui est le coupable...

Je suis tout à fait d'accord avec vous quand vous écrivez que le coupable doit avoir un rôle suffisamment grand pour qu'on s'intéresse à lui et à ses actions. Et si on réussissait à construire l'intrigue du livre de façon qu'il soit indifférent au lecteur de savoir qui est le coupable? Et si nous réussissions avec suffisamment d'astuce à attirer le lecteur dans nos filets de rêve, à l'amener à rêver avec nous dans des petites pièces qu'il n'a jamais vues, à parler avec des gens qui lui sembleraient soudain plus réels que ses proches, à voir sous un jour nouveau — grâce à la lumière d'un projecteur que nous aurions inventé pour lui — des objets de la vie quotidienne qu'il ne remarquait plus parce qu'ils lui étaient devenus trop familiers ? Et si nous réussissions à charger chacun des chapitres de notre histoire d'un autre suspense, pas du suspense primitif qui le presse en avant, j'ai parlé d'un autre suspense ! Si nous réussissions à éveiller en lui des sympathies ou des antipathies pour nos personnages, pour les maisons dans lesquelles ils vivent, pour les jeux auxquels ils jouent, pour le destin qui plane au-dessus de leur tête, qui les menace ou qui leur sourit ?

Tout ceci c'est le « roman », l'œuvre d'art, qui le faisait autrefois. Ne serait-ce pas pour nous une tâche avantageuse que de lui ramener des lecteurs par l'intermédiaire de son frère méprisé, le roman policier ? Nous réussirions peut-être à débarrasser le roman policier du mépris et à lui amener les gens de goût, les gens de discernement ? Et si nous nous y prenons bien, si nous faisons en sorte de ne pas laisser retomber l'autre intrigue, l'intrigue policière, alors, nous réussirons peut-être à atteindre ceux qui ne lisent que John Kling ou Nick Carter... Nous n'avons pas à avoir honte de produire de la littérature policière. De plus grands que nous n'ont-ils pas mis en scène des crimes et montré comment ils ont été élucidés ? Schiller n'a-t-il pas traduit le recueil de Pitaval et Conrad n'a-t-il pas écrit *l'Agent secret* ? Et Stevenson son *Club du suicide* ?

Mais, de même qu'un livre de cuisine ne suffit pas pour préparer un risotto conformément aux règles de l'art, « Dix commandements » ne suffisent pas pour écrire un bon roman policier. Vous me pardonnerez de m'être permis de compléter vos exigences. Mes exigences ne sont pas nouvelles et je n'aurais probablement pas été capable de les formuler si je ne les avais pas vues appliquées. Avant de revenir brièvement à l'un de ces maîtres, permettez-moi de résumer mes exigences :

Humaniser ! Faire des distributeurs automatiques des hommes. Et avant tout, ne plus idéaliser la machine à penser. Nous sommes d'accord sur ce point. N'écrivez-vous pas aussi qu'il doit être un homme ? J'aimerais aller plus loin. Il n'a pas besoin d'être adroit et ingénieux. Il suffit qu'il ait de l'intuition et du bon sens. Mais avant tout : il doit être mis à notre portée et ne plus planer sur des hauteurs lointaines dans lesquelles on reste sec après une averse et où toutes les lames de rasoir coupent toujours de manière impeccable. Il doit descendre de son piédestal, le limier ! Il doit réagir comme vous et moi. Dotons-le de réactions, donnons-lui une famille, une femme, des enfants, pourquoi devrait-il toujours être célibataire ? Et si nous le voulons quand même célibataire, se souciant seulement de résoudre des énigmes policières, alors donnons-lui une petite amie qui lui mène la vie dure... Pourquoi est-il toujours habillé de manière irréprochable ? Pourquoi a-t-il toujours suffisamment d'argent ? Pourquoi ne se gratte-t-il pas quand cela le démange et pourquoi n'a-t-il pas, comme moi, l'air un peu bête quand il ne comprend pas quelque chose ? Pourquoi ne se décide-t-il pas à rechercher le contact avec ses semblables, à tenter de comprendre l'atmosphère dans laquelle vivent les gens qui l'occupent ? Pourquoi ne prend-il pas part à leur destin ? Pourquoi ne déjeune-t-il pas avec eux, et pourquoi ne jure-t-il pas au fond de lui-même quand la soupe sent le brûlé ? — que de tensions cachées il peut y avoir dans une soupe brûlée ! Pourquoi n'écoute-t-il pas en leur compagnie l'exposé d'un célèbre professeur sur le mariage à la radio ? C'est dans de telles circonstances que les hommes sortent d'eux-mêmes. Ils bâillent. Un tel bâillement peut être si révélateur...

Et si le col du limier est trempé de sueur, quelle révélation ! Sans parler de ses chaussettes trouées !...

Non, je ne joue pas les traîtres, je ne sabote pas notre discussion. J'ai parlé du destin, de son absurdité. Devons-nous taire le fait qu'il prend des formes qui sont à la fois tragiques et comiques ? Ne devons-nous parler du destin que lorsqu'il est bien repassé comme un pantalon qui sort tout juste de l'atelier du tailleur, ou quand il est noir comme une robe de deuil qui vient d'être teinte ?

Tout ce qui, à mon avis, manque dans la littérature policière dans son ensemble, je l'ai trouvé réuni chez un auteur. L'auteur s'appelle Simenon et a créé un caractère qui, bien qu'il ait eu quelques précurseurs, n'a jamais été vu avec une telle passion : le commissaire Maigret. Un agent de la sûreté moyen, raisonnable, un peu rêveur. Le thème essentiel n'est pas l'affaire criminelle en elle-même, ni la découverte du coupable, mais ce sont les hommes et surtout l'atmosphère dans laquelle ils vivent. Surtout l'atmosphère. Un petit port et son café chic dans *le Chien jaune* ; l'écluse d'un canal dans *le Charretier de la Providence* ; une petite ville de province du Sud dans *le Fou de Bergerac* ; une maison parisienne dans *l'Ombre chinoise.* Pourquoi prolonger la liste ? Ce qui est singulier dans ces romans — qui sont en fait de longues nouvelles —, c'est que l'on reste au fond indifférent à la solution, bien que l'histoire soit la plupart du temps construite selon une recette qui a fait ses preuves. Mais il flotte entre les lignes cet air de rêve, il y brille cette lumière qui donne aux choses les plus petites, les plus modestes, une vie parfois mystérieuse. Le coupable ? C'est un homme parmi d'autres, comme c'est le cas dans la vie quotidienne. Et le fait qu'il soit démasqué n'a pas tant d'importance, on ne se sent pas soulagé, il n'y a pas de coup de théâtre, l'histoire n'a en fait pas de fin, elle s'arrête, c'est une période de la vie, mais la vie continue, illogique, passionnante, triste et grotesque à la fois.

Je voudrais remercier Georges Simenon. Ce que je sais faire, je l'ai appris de lui. Il a été mon professeur. Ne sommes-nous pas tous l'élève de quelqu'un ?...

Je m'écarte du sujet. Vous connaissez probablement beaucoup mieux que moi toutes les choses que j'ai exposées. Je n'ai malheureusement jamais eu l'occasion et le plaisir de lire un de vos romans. Mais je suis tout à fait sûr que tous les reproches que j'ai faits au genre « roman policier », ses « héros », ses « limiers », ne vous concernent pas. Je suis convaincu que votre roman *Trois kiosques au bord du lac* a remporté un grand succès. Si ma lettre a parfois pu donner l'impression d'une leçon, croyez bien que là n'était pas mon intention. Il s'agissait pour moi de pouvoir formuler clairement quelques pensées. Et comment le faire sans exprimer ces pensées par des mots ?

En toute amitié, je reste votre dévoué

Friedrich GLAUSER.

Notes sur le texte

La biographie utilisée pour les remarques suivantes est celle de Gerhard Saner, intitulée *Friedrich Glauser* (deux volumes, Francfort-sur-le-Main, éd. Suhrkamp, 1981).

Le vieil ensorceleur

Friedrich Glauser envoya cette histoire le 30 septembre 1934 au *Zürcher Illustrierte.* Il était à l'époque interné à la colonie pénitentiaire de Schönbrunn et travaillait à *l'Inspecteur Studer,* le premier des cinq romans policiers mettant en scène Studer. Quand le journal se décida à publier le récit, Glauser leur dit que l'histoire avait déjà paru « environ trois ans » auparavant dans *Der kleine Bund* de Berne, et qu'elle devait donc déjà dater de 1931 ; il n'y a cependant pas de trace du texte dans ladite revue. Pour une raison inconnue, Glauser a de toute évidence donné une fausse information. Si l'on compare le texte aux autres textes publiés dans la même édition, il apparaît invraisemblable que *le Vieil ensorceleur* ait pu être écrit ces années-là, puisque le personnage de Studer ne prend tournure que dans les années 1934-1935 : « Je voudrais faire de l'homme le type du bon détective suisse », écrivait Glauser, en mars 1935, à sa compagne Berthe Bendel. Mais dans la version envoyée au *Zürcher Illustrierte,* Studer n'est pas encore l'inspecteur, l'enquêteur, mais le commissaire de police.

Le Vieil ensorceleur fut imprimé dans l'édition du *Zürcher Illustrierte* du 1er mars 1935. Deux ans plus tard, l'histoire parut dans le *National-Zeitung* de Bâle (nº 96/108 du 28 février / 7 mars 1937) dans une version remaniée et élargie, qui a servi de base à la réimpression de cette édition.

Dans le recueil présenté en 1945 par les éditions Artemis de Zurich, *Confession dans la nuit. Morceaux en prose,* on a cru devoir faire du « commissaire de police » un « inspecteur »; on a aussi corrigé abondamment et supprimé « quelques petites choses » qui sont depuis ce temps absentes de toutes les éditions qui ont suivi, y compris aux éditions Arche (*Arche-Werkausgabe*). On avait seulement laissé une erreur d'inattention de Glauser : le fermier Leuenberger est présenté comme un homme de soixante ans supposé avoir été marié quarante ans à sa première femme et avoir eu, après sa mort, trois autres épouses en dix ans. L'erreur a été corrigée dans cette édition : « Il avait vécu trente ans avec sa première femme. Le couple n'avait pas eu d'enfants. Puis la femme était morte d'une pneumonie il y a dix ans » (page 14).

Interrogatoire

A la fin janvier 1933, Béatrice Gutekunst, surnommée Trix, rompit avec Friedrich Glauser. Ils avaient passé plus de six années ensemble, avaient vécu à

Bâle, à Winterthur et à Paris, avaient voyagé et passé des vacances à Collioure, petit village de pêcheurs du sud de la France.

« Quand je l'ai connue, elle avait un ami, raconta Glauser plus tard. Elle voulait le quitter, mais ne trouvait pas la force de le faire. J'ai, à cette époque, vraiment lutté pour l'avoir, je voulais l'aider parce que je voyais à quel point elle était malheureuse. Ce n'était vraiment pas facile, car ce qu'ils voulaient tous les deux, c'était un compromis, une relation à trois et je ne voulais pas de cela. Et quand ce fut décidé, qu'eus-je dans les mains ? Quelques morceaux et il a fallu réparer. »

L'histoire intitulée *Interrogatoire* a été publiée le 1er décembre 1933 dans le *Zürcher Illustrierte.* Elle a été réimprimée en 1945 dans la collection Artemis et en 1973 aux éditions Arche, volume 4.

Une indication fausse — révélatrice d'un point de vue psychologique — subsiste dans les trois éditions. Celui qui est interrogé dit être grand industriel : « Grand industriel, monsieur le juge, et *journaliste plein d'esprit.* » Cette précision qui ne sert en rien à caractériser le personnage renvoie plutôt à l'auteur. C'est pourquoi elle a été supprimée dans la présente édition.

Criminologie

Friedrich Glauser envoya cette histoire le 9 novembre 1934, en même temps que *le Couple désuni* et *Plainte à un mort,* depuis la colonie Schönbrunn au *Zürcher Illustrierte* dans lequel elle fut publiée le 18 janvier 1935 sous le titre *Criminalogie* (!).

Criminalogie est de toute évidence une faute de frappe ou d'impression. Mais, de toute façon, le titre est faux : le mot *criminologie* désigne la science de la criminalité comme phénomène de la vie des peuples et des individus. Si l'on se réfère au contenu, l'histoire devrait s'intituler *criminalistique,* définie comme étant l'étude des différentes manifestations, causes et buts du crime ainsi que des moyens de lutte et de prévention.

L'histoire a été réimprimée le 12 juillet 1935 dans la revue *Die Nation* de Zurich. Elle est pour la première fois ici recueillie en volume.

Le couple désuni

Cette histoire, l'une des premières histoires de Studer, fut refusée par le *Zürcher Illustrierte.* L'éditeur, le Dr Friedrich Witz, la trouvait — pardonnez notre franchise — peu « appétissante » (écrit à Friedrich Glauser le 12 novembre 1934).

Studer est encore un commissaire, petit et gros, de la police zurichoise (!) avec des yeux tristes et sans espoir, et a peu de traits communs avec le futur inspecteur Studer. Sur un manuscrit, on peut lire « Widmer » à la place de « Studer ».

Cette histoire est restée jusqu'à présent inédite.

Malchance

Il est impossible de dire précisément quand cette histoire a été écrite, probablement en 1934-1935. Glauser l'a adressée à l'agence Ella Picard à Zurich, mais on ne connaît pas non plus la date de l'envoi. Jusqu'à présent inédite.

Le roi Sucre

C'est de Schönbrunn que Friedrich Glauser envoya *le Roi Sucre* au *Zürcher Illustrierte.* La nouvelle fut acceptée, mais ne parut que dans l'édition du 19 juin 1936. « Je ne veux pas me vanter, écrit Glauser le 27 juillet 1936 à son amie Martha Ringier. Mais cite-moi un seul écrivain suisse capable de raconter une si petite histoire avec brio et sans faire dans le mauvais goût. C'est "raconté", tu ne trouves pas ? Tu sais que je n'ai pas la folie des grandeurs, que je me sous-estime plus que je ne me surestime, mais j'ai tout de suite été satisfait de ce *Roi Sucre.* On doit divertir un peu les gens, la vie est de nos jours assez difficile comme ça. »

Lors de son édition chez Artemis, le texte ne fut que peu corrigé, mais comporte malgré tout quelques altérations. Arche a choisi d'éditer cette version. Dans la présente édition, le texte est fidèle au manuscrit original.

Plainte à un mort

Plainte à un mort est la dernière des trois histoires mentionnées que Glauser a proposées le 9 novembre 1934 au *Zürcher Illustrierte.* Elle ne parut cependant qu'en 1937 dans le volume 27 de la *Neue Schweizer Bibliothek* de Zurich. *Plainte à un mort* est une histoire autobiographique, une nouvelle mise en forme littéraire de la relation de Glauser à Béatrice Gutekunst et de leur séparation.

Plus tard, Glauser a supprimé environ quatre pages du texte, ôtant ainsi un peu d'intensité à l'histoire. La version abrégée fut admise en 1945 dans le recueil publié chez Artemis. L'édition de l'œuvre chez Arche (volume 4), tout comme le texte présent, s'en tient cependant à la version originale.

Des chaussures qui craquent

Cette histoire de Studer est l'un des derniers travaux de Friedrich Glauser. Il l'écrivit pendant l'été 1938 à Nervi. La première version, intitulée *Des chaussures qui grincent,* s'arrête après la description de Studer alité. La seconde, intitulée *Des chaussures qui craquent,* est bien complétée, mais elle fut corrigée à la main par Glauser sur une copie de manuscrit et rebaptisée : *le Sous-Locataire.* Les rectifications n'améliorent d'ailleurs pas le texte et ne concernent que la première partie. De toute évidence, Glauser n'a pas pu finir le travail.

La présente édition suit la deuxième version qui, malgré quelques faiblesses quant au mobile du meurtre, offre un portrait intéressant d'un commissaire de police souffreteux.

Une fin du monde

En 1934, Glauser séjournant à Schönbrunn écrivait à Berthe Bendel : « J'ai bien travaillé ces derniers temps. A une histoire pour le *Schweizer Spiegel* qui, je crois, est bonne ; un juge d'instruction qui devient fou, tu sais, racontée seulement par des lettres et des dossiers. Je crois vraiment qu'elle est bonne. »

Une fin du monde parut en février 1935 dans le *Schweizer Spiegel* et est publié ici pour la première fois en volume. L'histoire est en quelque sorte un travail préalable au roman *le Chinois*[1] ; quelques motifs en seront repris dans *le Règne des toqués*[2] et même l'inspecteur de police Studer y fait une courte apparition...

Le caporal voyant

Le 2 décembre 1935, Glauser réclama à son amie Martha Ringier le manuscrit de son histoire intitulée *le Caporal voyant.* Il était à l'époque interné à la colonie de Waldau et n'avait pas de copie de l'histoire qui avait paru le 15/22 mars dans *Der kleine Bund.* « Je voudrais faire un roman court sur le même thème, donna-t-il comme explication (quel nom affreux ! Les gens appellent maintenant roman court ce qu'on appelait avant une nouvelle). Il fait l'objet d'un concours et j'aimerais y participer. » Partant de cette histoire, Glauser écrivit en trois petites semaines son roman policier *la Courbe de température*[3] : « Ce fut une sorte d'acte de désespoir, je me suis rarement donné autant de mal qu'en ce mois, et c'est pourquoi il manque à ce récit la légèreté et l'évidence » (27 mars 1936).

Le Caporal voyant date de 1927 et n'avait depuis son édition dans *Der kleine Bund* plus été publié.

1. *Der Chinese. (N.d.T.)*
2. *Matto regiert. (N.d.T.)*
3. *Die Fieberkurve. (N.d.T.)*

La mort du nègre

Friedrich Glauser écrivit cette histoire de la Légion étrangère en 1932-1933 à Münsingen. Il espérait à cette époque obtenir une place de correspondant de justice pour le *Berner Bund.* Il n'en fut rien. Mais *la Mort du nègre* parut dans l'édition du 18 juin 1933.

Cinq ans plus tard, Glauser abrégea le récit des deux tiers pour une parution dans le *Neue Zürcher Zeitung* sous le titre *Un mort se venge*[1] en date du 5 avril 1938. La réimpression dans la présente édition suit la version longue.

Meurtre

Glauser écrivit cette histoire à la maison d'internement de Witzwil en mai-juin 1925. La première histoire, une version longue et compliquée, parut en 1926 en trois épisodes dans la *Illustrierte Luzerner Chronik* (12/19/26 août 1926). Trois ans plus tard, Glauser abrégea le texte pour une parution dans le *Winterthurer Stadtanzeiger* (5/9 avril 1929). La présente édition donne la préférence à la version courte.

Dix commandements pour le roman policier...

Le 5 février 1937, le *Zürcher Illustrierte* publia les *Dix commandements pour le roman policier* de Stefan Brockhoff. Le rédacteur en chef du *Zürcher Illustrierte,* le Dr Friedrich Witz, fit parvenir les thèses à

1. *Ein Toter rächt such. (N.d.T.)*

Glauser et celui-ci proposa une discussion. « Les lecteurs du *ZI* doivent voter, écrivait Glauser le 8 février 1937 à Witz, pour dire quel genre de roman policier ils préfèrent, Glauser ou Brockhoff. Cela donnerait un peu de vie au débat et ne serait, à mon avis, pas une mauvaise publicité. Ce que M. Brockhoff raconte (je ne veux pas rivaliser avec lui ! en matière de construction du livre, il est sûrement meilleur que moi), correspond presque mot pour mot aux statuts du London Detection Club (le club est constitué d'auteurs de romans policiers qui se sont fait un devoir de relever le niveau du roman policier et compte parmi ses membres des personnes très capables : d'abord Chesterton avec son Father Brown, une nouvelle sorte de détective, Dorothy Sayers avec son Lord Peter, Agatha Christie et son Hercule Poirot et Crofts, Fielding, etc.). J'aimerais bien le mentionner. Et aussi chanter la gloire de mon professeur, Georges Simenon, qui ne construit pas le roman policier de façon logique et déductive — cartésienne ou kantienne, comme vous voulez —, mais de manière bergsonienne. Pas de façon déductive, mais inductive. Non pas déduire le résultat final d'après les faits, mais laisser les solutions fleurir d'après l'atmosphère, la psychologie des acteurs. Vous pourrez, si vous le désirez, avoir la lettre dans les prochains jours. »

Lettre ouverte sur les « Dix commandements pour le roman policier »

Ainsi qu'il l'avait annoncé dans la lettre citée ci-dessus au rédacteur du *Zürcher Illustrierte,* le Dr Friedrich Witz, Friedrich Glauser lui envoya, de La Bernerie, sa *Lettre ouverte sur les « Dix commandements pour un roman policier »*. Cette contribution ne fut cependant pas publiée. Elle ne fut éditée que dans le volume 2 de la biographie de Glauser par Gerhard Saner. Réimpression dans Glauser, *Dada, Ascona, et autres souvenirs*. Zurich, Arche, 1976, pp. 155 et suivantes. La version proposée dans la présente édition suit le manuscrit original tel qu'il figure dans les œuvres laissées par Glauser.

Postface
par Frank Göhre [1]

Zurich, mi-mai 1986. Assis dans le bureau des éditions Arche, j'ai devant moi une serviette grise contenant plus de cent histoires provenant des œuvres laissées par Friedrich Glauser : *Diverses histoires de Glauser,* pour la plupart des originaux, dactylographiés.

Les premières pages que je tiens à la main portent le titre *Des chaussures qui grincent...* Friedrich Glauser a écrit cette histoire durant l'été 1938 à Nervi, quelques mois avant de mourir. C'est la dernière affaire de l'inspecteur Studer. L'enquêteur est malade, fatigué.

Au fil de la lecture, des instantanés de la vie de Friedrich Glauser se superposent très rapidement aux caractères...

Friedrich Glauser, né à Vienne en 1896... L'époque du déclin de la vieille monarchie austro-hongroise. Souvenir des atmosphères dominant les œuvres de Schnitzler, Hofmannsthal, Broch et Musil. La fête qui

1. Né en 1943 à Hambourg, Frank Göhre est un auteur de romans policiers et de scénarios ; il a contribué par de nombreux articles à la redécouverte de Glauser et on lui doit l'édition des œuvres complètes de ce dernier chez Arche.

masque la décadence... C'est dans cette atmosphère que Glauser grandit. La mère, autrichienne, meurt prématurément. Le père, suisse, professeur de français à l'école supérieure de commerce, se met à boire. Le soir, dans le salon, le « gamin » entend le col de la bouteille cogner contre le verre. Il entend le sifflet des locomotives dans la gare proche. Cela se grave dans sa mémoire. Très tôt, il fait des fugues. A treize ans, il s'enfuit en Hongrie. Son père le soupçonnait d'avoir volé de l'argent dans la caisse du ménage. Le garçon est emmené au dépôt de police de Presbourg. Le premier parmi de multiples emprisonnements et internements.

Il échoue au lycée de Vienne et est envoyé dans une maison d'éducation à Glaris en Suisse. Il se met à inhaler de l'éther et du chloroforme et tente de se suicider. Il n'est « plus raisonnable » et est renvoyé.

La prochaine étape est Genève. Nouvelles difficultés scolaires. Glauser, ayant critiqué le recueil de poèmes d'un professeur, craint des représailles et se cache dans un hôtel.

Il part ensuite pour Zurich où il rencontre les dadaïstes Ball, Tzara et Arp, prend part à leurs actions, écrit des articles sur des auteurs français.

Il « a ensuite, à plusieurs reprises, lu dans la galerie des choses qu'il avait écrites et des adaptations. A cette époque déjà, il avait un sentiment fort et raffiné de la forme. Il était économe dans ses descriptions. Il savait être concis et s'y entendait à faire vibrer les mots. Il ne semblait toutefois pas avoir le moindre besoin de se faire valoir. Je crois même qu'il manquait un peu d'ambition. Il ne savait ou ne pensait pas qu'il sût faire quelque chose. Il lui importait plus de vivre que d'écrire. Il prenait la vie avec âpreté et naturel sans penser à la mise en valeur littéraire. Il écrivait par jeu, pour passer le temps, en passant », se souvient Emmy Hennings, la compagne de Hugo Ball, dans une lettre du 20 mars 1939 au Dr Friedrich Witz.

Glauser est alors âgé de vingt et un ans, il vit comme un bohème, tout en étant cependant toujours bien rasé. Il porte une chemise unie dont il ne ferme pas le col, un pantalon de couleur foncée et par-dessus, un large imperméable. Il marche à grands pas, la cigarette à filtre à la main. La nuit, il erre dans les rues, boit beaucoup, a des aventures et change sans cesse de chambre.

Le 18 janvier 1918, il est mis sous tutelle pour cause de débauche et mœurs dissolues. Lieu de séjour inconnu pendant les cinq mois qui ont suivi.

Début juin, arrestation à Genève pour usage de morphine. Friedrich raconte plus tard dans *Morphine. Une confession* : « Un jour que j'avais attrapé froid, j'eus une hémorragie pulmonaire pendant la nuit et je dus chercher un médecin à minuit. Celui-ci me fit une piqûre de morphine et me fit boire de l'eau salée concentrée. Je me rappelle encore très bien les effets de la piqûre. Je me suis senti soudain très éveillé. Un sentiment singulier de bonheur difficile à décrire "a pris possession de moi" (on ne peut guère l'exprimer autrement). Bien que je fusse alors dans une situation matérielle très difficile, tout avait soudain changé, la détresse avait perdu de son importance, elle n'était plus aussi présente, je tenais le bonheur dans mes mains; c'était, pour faire une mauvaise comparaison, comme si mon corps n'était qu'un seul sourire. »

A partir de ce moment-là, se succèdent en alternance hospitalisations et évasions. L'établissement bernois de Münsingen. Fuite vers Ascona. Morphine. Arrestation.

Tentative de suicide dans sa cellule. Séjour dans un hôpital de Berne. Asile Hollingen. Expertise psychiatrique. Diagnostic : « Faiblesse de caractère, moralement insuffisamment développé. » Internement à Baden. Morphine. Fuite vers Mannheim. Entrée dans la Légion étrangère. Deux ans en Afrique du Nord. Réformé pour affection cardiaque. Séjour dans un hôpital parisien. Mineur en Belgique. Crises de malaria. Coliques hépatiques. Morphine. Tentative de suicide. Nouvelle hospitalisation à Münsingen. Travaux forcés à Witzwil. Tentative de suicide. Travaux littéraires.

Entre-temps, Friedrich Glauser a vingt-neuf ans. Il commence pour la première fois à écrire sérieusement. Depuis l'établissement de Witzwil, il envoie des récits à des rédactions de journaux, des histoires de la Légion étrangère. *Meurtre* date de cette époque.

On lui fait entrevoir des publications. Glauser voit une chance pour lui de rompre le cours de sa vie.

Il sort de Witzwil et entre comme manœuvre dans une maison d'horticulture. Fait des visites à Bâle et fait la connaissance de Béatrice Gutekunst, « Trix », la danseuse. Il tombe amoureux d'elle.

« L'essentiel est pour moi maintenant de ne plus m'adonner à l'opium et de subvenir à mes besoins sans l'aide de mon père. Je crois que ceci est particulièrement important. Je suis heureux d'avoir pu, durant cette année, apprendre à connaître mes points faibles et suis reconnaissant de l'aide que le Dr Muller [psychiatre à Münsingen] m'a apportée. Je ne peux malheureusement pas effacer le passé, mais je peux au moins essayer de réussir sans dépendre des autres et sans toujours causer des catastrophes qui me font entrer en conflit avec la société et la loi pénale. Ma grande erreur a toujours été de rendre mon éducation et les circonstances extérieures responsables de mes écarts, au lieu d'essayer d'affronter mes faiblesses », écrit-il à son tuteur de l'époque, le Dr Walter Schiller, le 17 mars 1928.

Et effectivement il tient bon pendant toute une année, achève la première version de son roman sur la Légion étrangère *Gourrama* et espère devenir « écrivain libre ». Mais dès que les premières difficultés surviennent, il fait une rechute. Erreur d'ordonnance, morphine. Il travaille dans une école de pépiniéristes, passe son diplôme de jardinier, s'efforce de se désaccoutumer de la drogue. Avec Trix, il fait un voyage à Paris ; il y habite avec elle jusqu'à ce que la situation financière ne soit plus supportable. Après une visite à son père à Mannheim, il reprend de la morphine, il est incarcéré. Il se retrouve à Münsingen. Trix se sépare de lui. Friedrich Glauser écrit le très autobiographique récit *Plainte à un mort*. Dans ce récit, la femme a tué l'homme qu'elle a jadis aimé. Cet homme, c'est lui.

« Recenser le nombre d'internements, de cures de désintoxication, de différentes catastrophes de ma vie ne présente pas d'intérêt », écrit Glauser, le 13 mars 1934, après son transfert à Waldau. « Ce que j'espère encore me semble plus important. Je crois que je n'ai pas encore bien exploité les différentes expériences que j'ai rassemblées dans la Légion étrangère, à Witzwil et en tant que travailleur. Il s'agirait de donner un contenu à ces connaissances (pour peu qu'il s'agisse vraiment de connaissances), au lieu de se contenter d'en faire un récit objectif. Je considère que ce que j'ai écrit jusqu'à présent ne sont que des exercices, à deux ou trois exceptions près. Même quand j'étais au plus mal, j'ai toujours eu le sentiment que j'avais quelque chose à dire, quelque chose que personne en dehors de moi ne serait en mesure de dire de la même façon. Peu importe si cette conviction est démontrable ou pas, si elle est à ranger dans la catégorie des mensonges, ou si elle est authentique. Le fait est qu'elle a toujours été là, parfois seulement très faiblement dans les périodes de nihilisme. Ce qui m'a toujours gêné, pour rester sur ce terrain peu sûr, c'est ma paresse, mon manque de discipline qui me poussent à éviter le travail technique simple (structure, style) pour trouver une consolation dans l'ivresse d'écrire, tellement plus accessible. Ce qui me semble important à l'avenir, c'est de reconnaître mes limites, afin d'être plus modeste dans mes prétentions. Ce n'est pas parce que l'on a vécu des choses difficiles qu'on est un Hamsun. Le plus délicat reste à faire : mettre en forme les expériences vécues... »

Le film des souvenirs s'arrête. J'entends la voix claire et légèrement chantante de Friedrich Glauser, sa prononciation molle, solennelle, quelque peu nasillarde, le « r » roulé. Il se tient devant moi bien visible, cet homme mince avec un sourire sympathique et « narquois » sur le visage. Je le comprends...

Je suis assis dans une salle de la maison d'édition, j'ai ses manuscrits dans les mains. Un paquet de pages en partie chiffonnées. Les premières et les dernières histoires de Studer.

A Waldau, à la fin de l'année 1934, l'inspecteur Studer a pris tournure, une figure opposée à sa propre personne. Un homme grand et fort avec une moustache et un Brissago aux lèvres. Quelqu'un de patient et de serein. Quelqu'un qui va jusqu'au bout des choses. Quand il est assis, il appuie ses avant-bras sur ses cuisses écartées et il a les mains jointes.

Friedrich Glauser le façonne, lui donne une femme et des enfants. Un père de famille, brave et conservateur. Un homme qui comprend ceux qui sont sortis du droit chemin, les « pauvres chiens ».

Il se met à écrire des histoires. Des esquisses, des exercices qui serviront de trame aux romans qui suivront, *la Courbe de température* et *le Règne des toqués.* Il écrit comme s'il était possédé et pas seulement en pensant aux droits d'auteur. Car il veut maintenant trouver définitivement la liberté et partir dans le Sud avec sa nouvelle compagne Berthe Bendel, avoir une maison et des animaux et exaucer son souhait de toujours : être un auteur reconnu et aisé.

Il ne manque pas de sujets. Il introduit ses propres expériences dans les histoires de Studer. Le héros de série est confronté à des affaires et à des personnes qui font partie de la vie de Glauser. L'enquêteur est sans cesse sur les traces de celui qui écrit.

En février 1935, Glauser commence le roman *l'Inspecteur Studer.* A l'automne, *le Règne des toqués* et *la Courbe de température.* En 1937, *Kroch & Co.* et *le Chinois.* Cinq romans écrits en trois ans à peine et plus d'une douzaine de récits, d'histoires courtes et de feuilletons. C'est le bilan du début de l'année 1938.

Les travaux sont publiés dans une large mesure dans des revues sous forme de feuilletons. Glauser se fait « un nom ». La critique fait l'éloge de l'utilisation assurée et audacieuse du dialecte, des personnages, de l'atmosphère vraie.

Glauser est heureux. Les choses se présentent bien pour lui. Il a fait un grand pas en avant.

18 mai 1936, sortie de Waldau. Entrée dans la Société suisse des écrivains. Déménagement en Bretagne avec Berthe Bendel. Un voyage sur la côte médi-

terranéenne. Autant de démarches annonciatrices d'une « nouvelle vie ». Il veut se marier.

Cependant, le repos et la sérénité souhaités se font attendre. Les efforts énormes des années précédentes ont laissé des traces. Durant l'été 1938, il part avec Berthe Bendel en Italie et loge à Nervi près de Gênes. Il est épuisé, brisé. A cela viennent s'ajouter des doutes quant au genre du roman policier et à l'écriture en général.

« Je ne sais plus quoi faire, écrit-il le 4 octobre 1938 à son ami, l'éditeur Ras. Mon Dieu, vous me connaissez, je crois, suffisamment pour savoir que je ne suis pas le genre d'homme qui veut se faire bien voir et qui pleurniche partout pour obtenir quelque chose. Vous savez que tout n'a pas toujours été rose pour moi. Maintenant, je suis fatigué et je ne sais si cela vaut la peine de continuer. » Et ceci n'est pas le seul indice d'une profonde résignation.

A Nervi, Friedrich Glauser se met à travailler sur l'histoire de *Des chaussures qui craquent* où il décrit de façon sensible et exacte un inspecteur souffreteux et s'arrête à la page 16. Il n'en maîtrise plus l'aspect criminel. Dans la deuxième version de *Des chaussures qui craquent,* il résout certes l'énigme, mais de manière insatisfaisante, sans entrain. Un reflet de sa propre situation ?

Des problèmes financiers surgissent à nouveau : « Nous n'avons plus un centime, notre mariage est imminent, nous devrions vivre et je sombre. Si le début de l'une des deux versions vous plaît, envoyez-moi, je vous prie, trois cents francs en exprès. Je sais que c'est beaucoup demander, vraisemblablement avez-vous aussi des soucis en ces temps si difficiles ; si cela vous est impossible, envoyez-moi simplement une carte avec “non” dessus. Je saurai alors ce qu’il me reste à faire » (4 octobre 1938 à Ras).

Le sentiment d’être fini, de n’avoir plus rien à dire, de ne pas pouvoir honorer les espoirs qu’on avait placés en lui, s’exprime dans les dernières lettres et notes de Glauser. Ce n’est pas nouveau, mais il est beaucoup plus dépressif qu’avant. Ce n’est pas un été facile et sans soucis, comme celui de l’année précédente en Bretagne, qu’il passe à Nervi.

La veille de son mariage avec Berthe Bendel, le 6 décembre 1938, Glauser s’effondre. Il meurt dans les premières heures du 8 décembre.

« Quand j’ai appris la nouvelle de la mort de Glauser, je lui aurais bien écrit quelques mots aimables à titre posthume, écrit Emmy Hennings le 20 mars 1939. Mais j’avoue que j’ai été trop émue quand j’ai vu sa photo dans *les Nouvelles de Bâle,* ce visage si fatigué de la vie qui me fit d’autant plus d’effet que j’avais connu Frédéric tout jeune, prenant la vie avec légèreté et audace, même dans les moments difficiles. »

Friedrich Glauser a été inhumé au cimetière Manegg à Zurich. De la neige, du brouillard et du vent. Un petit groupe de personnes, pas « une grande communauté ».

Entre-temps, la « communauté » a grandi et continue à grandir. J’en fais partie.

Je continue ma lecture. Je choisis douze histoires criminelles parmi *les Premières Affaires de l’inspecteur Studer.*

Table

IMPRIMÉ EN FRANCE PAR BRODARD ET TAUPIN
1746V - La Flèche (Sarthe).
N° d'édition : 2960
Dépôt légal : janvier 1999